爱的守望

一位一线教师对教育的坚守

林卫红◎著

『守望』是因为心中有所期望。教师就像『麦田里的守望者』，用爱陪伴学生成长，展望学生未来的幸福与发展，守护人生那些永恒的价值。教师甘做『麦田里的守望者』，在教育生活中关注、尊重、信任、激励学生，建立良好的师生关系；勤于读书、积极对话、参加培训，实现自身专业成长；勤于思考、善于反思、努力积淀，提高自身素质和教育教学质量。师爱是一种责任、一种学习、一种实践、一种研究、一种共生，筑起师德之魂，奠定教育事业之基。

江苏凤凰教育出版社
Phoenix Education Publishing, Ltd

图书在版编目（CIP）数据

爱的守望：一位一线教师对教育的坚守/林卫红著．—南京：江苏凤凰教育出版社，2016.11（2021.7 重印）

ISBN 978-7-5499-6058-3

Ⅰ.①爱…　Ⅱ.①林…　Ⅲ.①教师—素质—研究　Ⅳ.①G451.6

中国版本图书馆 CIP 数据核字（2016）第 230633 号

书　　名	爱的守望——一位一线教师对教育的坚守
作　　者	林卫红
责任编辑	雷利军　祁篆萍
出版发行	凤凰出版传媒股份有限公司
	江苏凤凰教育出版社（南京市湖南路 1 号 A 楼　邮编 210009）
苏教网址	http：//www.1088.com.cn
照　　排	北京世纪鸿文制版技术有限公司
印　　刷	三河市明华印务有限公司
厂　　址	三河市杨庄镇周庄子村
开　　本	787 毫米×1092 毫米　1/16
印　　张	14
字　　数	208 千字
版　　次	2016 年 11 月第 1 版　2021 年 7 月第 3 次印刷
书　　号	ISBN 978-7-5499-6058-3
定　　价	48.00 元
网店地址	http：//jsfhjycbs.tmall.com
邮购电话	025-85406265，85400774　短信　02585420909
E - mail	jsep@vip.163.com
盗版举报	025-83658579

苏教版图书若有印装错误可向承印厂调换

提供盗版线索者给予重奖

前　言

爱的守望

著名作家霍尔顿写的《麦田里的守望者》这本书为世界贡献了一个词语：守望。

教育不是管，也不是不管。在管与不管之间，有一个词语叫“守望”。“守望”是教师的一种智慧，一种品格，更是一种境界。

教育是一种心与心交流的事业，教育更是一种爱的教育。爱是教育最本质、最核心的东西。

在教育事业中，我们为爱守望。我们守住心中的梦想，为爱守望。

教师的爱是一种教育的德行，更是一种情感艺术。教师要让爱的土壤滋润着学生快乐成长，就要心中有爱。

师爱是教师职业道德的核心。真正的师爱，是大爱。任何教育都是人的教育，人的教育应当洋溢着人性的光辉，而爱正是人性光辉之源。

师爱是连接教师和学生之间感情的纽带，是一种亲和力，是教育成功之所在。

怎样才能成为好老师？这是习近平同志在《做党和人民满意的好老师》的重要讲话中向每位教师提出的一个耐人深思的问题。同时习近平同志也讲到，做好老师，要有仁爱之心。教育是一门“仁而爱人”的事业，爱是教育的灵魂，没有爱就没有教育。好老师应该是仁师，没有爱心的人不可能成为好老师。这种仁爱之心，就体现为教师用高度的责任心，真诚地尊重学生，充分地理解学生，宽容地关怀学生。在新的历史条件下，这种仁爱之心还应该集中体现为对学生梦想的激发和呵护做好积极的引导，为学生梦想的腾飞插上双翅。

为了学生的成长，教师要甘做一名“麦田守望者”。教师要守护人生那些永恒的价值，瞭望学生未来的幸福与发展。

师爱的颜色

师爱，
应该是洁白的。
它澄澈无瑕，
它公正无私。
没有偏见与嫌弃，
唯有理解与包容。
它是圣洁美丽的爱，
它是无怨无悔的情。

师爱，
应该是蓝色的。
它柔情似水，
它浩瀚无边。
没有粗暴与斥责，
唯有欣赏与鼓励。
它是醇香浓郁的爱，
它是深沉如海的情。

师爱，
应该是红色的。
它炽烈奔放，
它热情似火。
没有喧嚣与聒噪，

唯有追求与奉献。
它是燃烧的火焰，
它是冬日的暖阳。

师爱，
应该是金黄色的，
它是桃李满园，
它是硕果累累。
唯有春的耕耘，
才有秋的收获。
它是醉人的蜂蜜，
它是沁鼻的桔香。

师爱，
应该是绿色的，
它春意盎然，
它生机勃勃。
没有单调与乏味，
唯有活力与和谐。
它是枝头的嫩芽，
它是清亮的泉水。

师爱，
应该是五彩的。
它有赤橙黄绿，
它有酸甜苦乐。
没有抱怨与懈怠，
唯有宁静与恬淡。
它是绚丽的彩虹，
它是生命的阳光。

目 录

第一章 师爱，是一种责任

第二章 师爱，是一种学习

第三章 师爱，是一种实践

第四章 师爱，是一种研究

第五章　师爱，是一种共生

第一章 师爱，是一种责任

爱是一种幸福，更是一种责任。陶行知曾经说过：“爱满天下，爱生如子。”爱生如子是每一位教师的职责所在，是一名教师的最高境界。教师爱生如子，就要尊重学生的主体地位，尊重学生的人格，关注每位学生的健康成长，建立民主、平等、和谐的师生关系，创造轻松愉悦的教育情境，把微笑、爱心、温馨、愉快带进课堂，让每个学生的潜能都能得到淋漓尽致的发挥。

在一次语文作业中，出现“教师是____________。”这样一道题目，学生在上交的作业本中这样写道：

(1) 教师是巨人，用自己的肩膀抬高别人。

(2) 教师是大海，用知识养育着我们这些小鱼。

(3) 教师是船长，把我们带入知识的海洋。

(4) 教师是指南针，不断指引着我们前进的方向。

(5) 教师是太阳，照亮我们的心灵。

(6) 教师是向导，带我们走进知识的大门。

(7) 教师是火箭，把我们送进知识的宇宙。

(8) 教师是渡船，带领我们到达成功的彼岸。

(9) 教师是肥料，为我们增加知识的养分。

(10) 教师是修正工，不断修正我们前行的道路。

质朴的语言，道出了学生对知识的渴求与热爱，对教师的尊重与期待，在我的心中荡起阵阵幸福的涟漪，也升腾起一种强烈的责任感。爱是一种幸福，更是一种责任，既然选择了教师这项事业，我们就要肩负责任，快乐前行。

陶行知曾经说过：“爱满天下，爱生如子。”确实，爱生如子是每一位教师的职责所在，是一名教师的最高境界。因为只有爱心，才能点亮童心。

教师爱生如子，就要尊重学生的主体地位，尊重学生的人格，关注每位学生的健康成长；就要建立民主、平等、和谐的师生关系，创造轻松愉悦的教育情境，把微笑、爱心、温馨、愉快带进课堂，让每个学生的潜能都能得到淋漓尽致的发挥。教师对学生的爱，要求教师始终保有对工作的热情，使自己有一颗始终年轻的心灵，热情奔放；具有母爱般的胸怀，包容、接纳学生；有一颗善于思考的心灵，富有创新，并执着而坚定不移地行走在教育这片沃土上。教师以自己的真心换来学生的笑容，以自己的爱心赢得学生的真情，在学生的成长道路上播下爱的种子，自己的教学生活就会激情四溢，快乐而富有意义，教学生命就会焕发光彩，最终聆听到那最美妙的花开的声音。

师爱，会点燃学生向上、自信的种子，激发学生美丽的梦想，照亮他们前行的道路！

第一节　关注——教育的前提

教师要学会关注，因为关注是教育的前提。苏霍姆林斯基认为，教育者的关注和爱护，在学生的心灵上会留下不可磨灭的印象。

一个有智慧的教师，必须把责任写进内心，关注一切学生，关注学生的一切，用高度的德育敏感性和德育洞察力，把大智慧融入德育工作中，对教育工作进行积极的思考，让自己成为一名善于思考、做事细致、饱含热情的教师，在工作实践中按照学生的成长规律培养学生，不断提升对学生爱的情感，提高自己对学生爱的艺术与能力，追求对学生爱的最佳效果，让学生得以健康成长。

一、关注学生的行为养成

作为一名教师，要想走进学生的心灵，要想建设一个积极向上的班集体，要想培养德、智、体全面发展的学生，首先需要关注学生，尤其是关注学生行为习惯的养成。教师要从学生学习、生活的细节中看学生的品格、修养、习惯，抓住其中的一些不良行为的萌芽点以及学生点滴的进步开展教学活动，塑造学生良好的品格，引导学生遵守道德规范，培养学生良好的学习、生活习惯，使学生逐渐形成责任意识，实现德育实效性。

镜头一：迎着晨光搬椅子的孩子

每天早上，总会看到早早到校的这个学生默默地将课桌上的椅子一把一把地从课桌上翻下来，放好。汗珠从脸颊上滑落，但她仍旧很用心地搬着，没有一句怨言。

每天都迎着晨曦早早到校，协助值日生做这件事，这是一个多么令人感动的画面。教师可以抓住这样的契机，引导学生向她学习，用自己无声的行动诠释对集体的热爱、服务同学的热心。

镜头二：班干部竞选

每学期初，班主任都会给学生提供一个平台，让学生走上讲台，发表班干部竞选演说。可是，学习名列前茅的她却没有积极上台竞选。第二次，她还是没有参与。班主任通过与家长联系，才知道她对参加班级管理并不上心。班主任通过与家长沟通，才知道家长只看重孩子的学习成绩，对孩子一些良好的思想、行为习惯的引导较为欠缺，同时，家长也认为，只要孩子读好书就可以，没有认识到让孩子承担一定的工作能锻炼孩子的能力，培养孩子的责任心。

在日常教学中，班主任要注重引导学生积极担任班干部，当学生有了一定的工作能力后，就放手让他们大胆地进行班级的管理工作，并定期召开班干部例会，让他们互相交流经验，开展批评和自我批评。班主任要大力表扬敢于管理、能独当一面的班干部，在班干部中形成比、学、赶、帮、超的局面，在促进学生全面发展的同时，也让学生体验到为集体、为他人尽责的愉悦感，培养学生关心集体的责任感。

镜头三：学生迟到现象解析

一次，学校旁的隧道堵车，很多学生上学迟到了。我想，或许学生会用各种借口为自己的迟到行为开脱。但出乎意料的是，这一次，很多学生采取了请家长用短信和老师说明情况的做法。

这是一个好的现象，说明学生对按时上学不迟到形成了一种认同，明白了作为一名学生就应该按时上学，这是学生的责任。此时，教师要积极给予引导，强化学生的认识，使学生明白，什么是责任？学生应该做到什么？不应该做什么？

责任意识的培养，关系到学生未来的走向；责任意识的培养，关系到学生今后的发展。因此，教师要注重对学生责任意识的培养，关注学生学习、生活中的点滴细节，从这些点滴细节中了解学生的思想表现以及对人、对事的态度与责任。只有对学生关注，教育工作才能更加有的放矢地展开。在关注学生的过程中，教师要逐渐学会倾听，用满腔的热情倾听来自学生的心声；要逐渐学会观察，用一双透视学生心灵的眼睛，去发现教育的细节；要逐渐学会感悟，用自己的心灵，去寻找教育的契机，把自己对学生的爱融入每一节课、每一次谈话、每一个眼神中，时时给学生以心灵的启迪，走进学生的心灵，引导学生健康成长。

二、关注学生的身心发展

教师要关注成长中的学生的身心发展，帮助他们调整自我认知，建立良好的人际关系，教师更要关注学生的健康发展，给予学生阳光的生命状态。

我曾看过在《厦门日报》中厦门市教育局公布的2011～2012学年全市学生健康体检情况，数据来源于厦门市直属中小学及区属监测点共32所学校。这是厦门市教育局首次对外公布的厦门市中小学生的体质成绩单，结果不容乐观。厦门市的孩子视力逐年下降，而且大大超过国家标准：小学生为55.18%，比全国平均水平高14.04%；初中生为82.45%，比全国平均水平高14.88%；高中生为91.43%，比全国平均水平高12.01%。数据显示，随着年龄增加，学生的视力不良检测率明显增高，且有城市高于农村、女生高于男生的特点。体重倒是逐年攀升，已经进入二级肥胖水平，乡村学生超重和肥胖检出率明显攀升，城市男生低年龄段为肥胖高发期。其中小学低年级的小胖墩已挺近最胖级。有著名医师谈道："这与升学形势严峻、学习压力过重的大环境有关，也受近距离用眼时间过长，睡眠不足、阅读姿势不正确、采光照明不良等小环境因素有关。每年的寒暑假，是学生近视度数加深最快的时间段，与学生长时间看电脑、玩电脑、玩手机等电子产品有很大关系，家长要注意引导。"

看来，教师不仅要关注学生的学业成绩，更重要的是要关心学生的身体素质了。为切实加强福建省厦门实验小学学生的体质健康，严控近视率攀升，我校制订了《厦门实验小学爱护视力的若干规定》，坚持预防为主、综合防控、常抓不懈和全员参与的原则，把工作做实、做细。在规定中指出，教师在课堂中应注意及时纠正学生听、说、读、写的姿势，注意学生的用眼卫生；小学一、二年级要特别注意培养学生正确的读写习惯；每学期要进行一次学生读写姿势的检查、评价，要把学生的读写姿势纳入师生教学考核项目之中；加强学生新版眼保健操培训，确保每一个孩子做对、做好眼保健操；根据学生身高情况调整各年级的课桌椅，各班级要按照从低到高的顺序调整好班级的课桌椅，确保课桌椅的高度和学生身高吻合；做好学生视力不良检出率、新发病率等各类指标的统计分析，对有视力下降趋势和轻度近视的学生进行分档管理，并有针对性地实施相关"防近"措施；加强对学生视力变化的早期干预；学生视力有变化时要及时与家长取得联系，建立学校、学生和家长的联动工作机制，形成共同做好学生"防近"工作的合力；在《班主任工作手册》上及时写清班级左右眼近视的人数，占班级的比例，写清要特别关注的学生名单，在座位的安排上也要给予适当的照顾等。

要增强学生的体质，还要改变学生不良的生活习惯，合理控制饮食，减少过多的热量摄入，同时开展各种有氧运动，慢跑、快步走、跳绳等大课间体育活动，保证每天户外运动的时间。为了切实增强学生的体质，我校积极开展阳光体育，充分保证学生每天在校一小时的体育锻炼时间，还根据不同学段的特点，布置体育作业，由教师与家长共同督促孩子完成。

当然，学生的心理健康也是十分重要的。随着社会上离婚率的上升，单亲家庭日益增多，单亲家庭教育成为社会关注的焦点。单亲家庭的孩子感情大多十分敏感和脆弱，由于他们缺乏情感需要，导致自卑心理的形成，有的学生性格孤僻、胆小，过分地自我封闭，有的学生则采取极端的手段，通过一些不良的行为引起教师和他人对他的关注。尤其是那些由于家庭原因而情感匮乏的学生，在成长过程中比其他学生更期望得到教师的关注，更需要教师的爱。教师要为这些特殊学生建立档案，定期找他们谈心，了解他们的思想动态，并及时引导，给予他们更多的爱；要真正理解他们的需要，善于用眼睛注视着他们，用心键点击他们的心灵，用理解与关爱积极建立相互理解、尊重，相互谅解、信任的师生关系，沟通师生之间的心灵，给予学生成长所必需的营养，弥补他们情感上的缺陷。只有当教师用心打造一把开启心灵的钥匙，学生才会时时沐浴着爱的阳光，时时享受着爱的温暖。生活在充满真爱氛围的单亲家庭的学生就会在爱如潮水、真情涌动中，在师爱中，唤醒自我，逐渐学会自我反省、自我激励，不断战胜自我，迈步向前。

三、关注学生的学习状态

温家宝同志在全国教师工作暨“两基”工作总结表彰大会上强调：“当前迫切需要把教育从应试和高考指挥棒下解放出来，解放学生、解放教师、解放学校。”“教育不仅要传授知识，更重要的是培养有创造性、有想象力、身心健康的人才。”“各阶段教育都要遵循学生身心发展规律，合理设置课程和课程标准，切实解决课程和作业偏多、偏深、偏难问题，减轻学生课业负担和学习压力，让学生有更多时间锻炼身体、参加社会活动、发展个人兴趣爱好。”……学生的当下任务是学习，因此学生的压力也来自于学习。学生在学校不仅学习生活的知识、生存的技能，更重要的是了解生命的意义何在。作为教师，要关注学生在学习中的学习状态，更要关注学生的生命状态，对学生的身体状况、家庭情况、知识基础、学习成绩、兴趣爱好、性格气质、交友情况、喜怒哀乐有所了解，才能有效提高学生的幸福指数。教师对学生学习状态的关注，很重要的态度就是尊重，给予学生平等的人格。因为尊重学生是学生成长的需要，而教师对学生的信任是学生最大的幸福。教师要用精湛的教学能力，在知识和学生之间架起一座桥梁，给予学生阳光的生命状态，让教育真正走进学生的心灵。

对于学习有困难的孩子，教师要有一颗热爱学生的心灵，要给予学生真诚的关心与帮助，接纳他、引导他、帮助他不断获取成功的体验，在学习道路上快乐成长。教师还要与家长沟通，共同反思家庭、学校教育工作的种种问题，家校携手，及时掌握学生的学习状态，通过给予多角度的激励评价，使他们获得成功的喜悦；要对学生进行真诚的、有实质性的帮助，在帮教过程中不急躁、不拔高要求，充满爱心、耐心和信心，帮助学生努力克服自身的能力缺陷，用长处弥补短处，取得学习的成功。当学习能满足学生自我进取的需要，当学习的成功体验越来越多时，学生在这样洋溢着民主与和谐，充满着尊重与快乐的学习氛围中，就会以积极进取的心态对待学习。

而作为班主任，心中更要有全局意识，促进学生全面发展，要关注学生各科的学习状态，帮助学生养成良好的学习习惯，严格认真执行各科的学习要求，如英语科要求学生坚持天天听读，低年级数学要坚持口算天天练，体育课每个阶段都有不同的技能训练重点……达到各门学科的平衡发展。

四、关注学生的家庭教育

教育是一个艰难的过程，也是一个连续的过程，并且是一个需要家庭、学校、社会紧密配合的过程。尤其对单亲家庭的学生进行教育，更是一项艰苦、细致的工作。

在教育中，教师对学生的爱是教育的核心。那些由于家庭原因而情感匮乏的学生在成长过程中比其他学生更期望得到教师的关注，更需要教师的爱。因此，教师要给予这些单亲家庭的学生更多的爱，这种爱是既包含着母爱又超越母爱的师爱，是既满含着友情又超越友情的师生之情。可以这样说，师生心灵上的亲近是师生之间融洽沟通的润滑剂。因此，教师在对单亲家庭的学生进行教育的过程中，应平视学生，把他们当作平等的人，不因家庭的原因而对其产生厌烦之感，要用爱的感觉浇灌他们的心灵，用一种无形的教育力量因势利导，对他们进行思想上和人格上的教育。

教师还应秉持“家庭教育是一切教育的起点”的思想，充分了解每个单亲家庭的背景，认真分析所任教班级的单亲家庭学生的特点，注重家庭与学校教育之间的沟通，积极争取家庭教育和学校教育的同步，努力创设家校教育的和谐氛围，合理利用各种教育因素，用爱提供给学生成长的营养，用赏识激发学生进取的动力。教师还要引导单亲家庭的家长们在家庭教育中树立“促进孩子全面、积极、主动地发展为核心”的教育思想。有了这样的思想基础，家长在家庭教育中，就会不断与孩子进行互动、进行自我教育，帮助孩子走好他的人生路；有了这样的思想基础，家庭教育必定会得到良性循环，走向成功。

另外，教师还要借助家庭教育的力量，引导家长对家庭教育中的情感教育进行探索，做智慧型的父母。在家庭教育中，家长要摆正教育的良好心态，注意以情感为依托，对孩子做到严爱相济，对孩子有一份平常心，多一些理解；当孩子暂时还没能达到预期的教育效果时，要接受并尊重孩子的一切，不能有放弃教育的念头；要真正了解孩子的心理，采取尊重、信任和沟通的做法，给予孩子积极、有效的引导，认真寻找教育的症结所在，并根据自己孩子的特点，提出合理的期望和要求；要以平常心来教育孩子，注重和孩子磨合、互动时的方式方法，积极寻找最适合自己孩子的教育方式；要把激励的话语送给孩子，使他们渴望得到他人关注的期待得以实现，在宽松、和谐的学习氛围中，体验到被尊重、被信任、被理解，从而受到激励、鞭策、鼓舞、感化，形成积极的、丰富的人生态度与情感体验；不要一味地拔高对自己孩子的要求，要适当降低要求，经常做纵向比较，让孩子和他自己的以前比，使孩子逐步树立信心，以良好的心态扶着孩子一起成长。成功的体验和喜悦可以点燃孩子自信的火苗，唤起孩子的自尊心和自豪感，真正体验到当一名学生的幸福感，真正享受到成长的快乐。

第二节 尊重——教育的基石

“教育的艺术是发现的艺术，是唤醒的艺术，是欣赏的艺术。”教育是一种人格对一种人格的影响，一个灵魂对一个灵魂的滋养，一颗心灵对一颗心灵的启迪。对学生的尊重与期待，常常会使教师升腾起一种强烈的责任感。

一、尊重从细节做起

课上，我正与学生徜徉于充满情意的语文课堂，认真学习着《苏珊的帽子》这篇课文。课文讲的是一位可爱的小女孩——苏珊因为患了癌症，接受了三个月的化学治疗，她一头金黄的头发差不多都掉光了，只能戴上一顶帽子。在她即将返回学校上课的时候，为了不使她感到尴尬，善解人意的老师让同学们戴上五花八门的帽子，使苏珊踏进教室后不再感到担心和犹豫，而是感到轻松与自如，使她的脸上又绽放出了甜美的笑容。

这是春季的一天，我和学生的内心被这浓浓的、充满了温馨的真情温暖着，如窗外灿烂的阳光。在教学的最后环节，我让学生看着课文中苏珊与同学自如地学习与游戏的插图说一说：“看到苏珊生活在这样一个充满爱、充满平等的集体中时，你最想说什么？”学生畅所欲言，他们都极力表达着这样的想法：苏珊虽然是不幸的，但又是幸福的，因为她能生活在这样的集体，得到老师和同学们真诚的关心和爱护……

紧接着，我又问道：“在我们三年级（2）班这个集体中，你是否也同样感受到来自老师和同学的尊重？能谈谈有关的事例吗？”

刚开始，学生谈了很多关于伙伴间的互相尊重，言语中流露出了无限的真情。这时，班上有位女同学站起来说道：“有一次上课，我由于没有想好答案，站起来没有回答问题，老师就让我先坐下，想一想再说。”其他的学生也纷纷说着：“老师上课让同学发言时，说‘请’!”“老师声音沙哑了，还坚持大声给我们上课。”“老师总会让生病的同学趴着上课。”“老师能倾听我们的发言，从不打断我们的话。”“当我朗读不好时，老师能肯定我的优点，增强我的信心。”“一次参加学校诗朗诵表演时，老师知道领诵的同学在上场时忽然发不出声音来，并没有责怪，而是说以后要注意保护好嗓子!”……

学生在不断回忆着往昔的点点滴滴，神情令人动容。而我身为他们的老师，聆听着他们的诉说，既感到高兴，又暗暗庆幸：学生说的点点滴滴对于我来说，是我教学生涯中简单而又平凡的事，因为我每天都是这样不断重复着同样的事，周而复始，有些事在记忆的长河中已经被我逐渐遗忘了……但没曾想，当我面对着这50个可爱的学生，极力关注着他们是否尊重我的付出，是否尊重我的劳动成果，做到在学习中认真倾听，用心完成作业时，其实，学生也在用50双澄澈的眼睛静静地观察，用50颗敏感细腻的心灵悄悄地关注着我的一言一行，细细地感受着我——一名教师，在他们的学习中所给予的尊重和平等。

教师与学生是充满生命活力的课堂上的学习伙伴，是学习的共同体，教师的教育行为是否体现了教育的人文性，是否体现了对学生应有的尊重，是新课程改革对每位教师提出的要求。教师与学生是平等的，师生间的尊重与平等也是新课程改革对每位教师的热情呼唤。教师在极力强调着学生对自己应有的尊重、极力关注着学生是否尊重自己的劳动成果的同时，是否也给予学生应有的尊重与平等？教师该如何呵护学生幼小的心灵？该如何关注他们，让他们感受到教师对他们的尊重？教师对学生的尊重又体现在哪些方面？一个又一个问题在我的头脑里不断闪现，也促使我换一种思维方式思考着这些值得人深思的问题。

尊重学生就是尊重自己。教师要把情感的触角深入到自己的内心世界，与自己进行心灵的对话。在对话中，不断反思自己的教学行为：在教学中，是否始终把学生放在教学的首位？是否始终让学生在自己的尊重中得到快乐、获得幸福？因为，只有在彼此尊重与平等的课堂上，学生才会有愉悦的学习状态，教师才会有如沐春风的幸福感受。

尊重学生就是尊重生命。教师要把情感的触角深入到学生的内心世界，与学生进行心灵的沟通。在对话中，教师要用自己的心灵、眼神去传递对学生应有的尊重与平等。面对可爱的孩子们，请老师赶快打开自己的心窗，让你的心与学生的心说话；请老师赶快开启自己的耳朵，让你的耳朵倾听童稚的声音；请老师赶快张开你的双唇，让唇间发出的话语向学生表达你的爱。因为，一句暖人心窝的话语，一个不经意的眼神，一个简单的手势……它摒弃的是盛气凌人的态度，它拒绝的是冷漠如霜的心灵，而教师的教育思想、教师对学生的尊重都能在这教育细节中体现得淋漓尽致。

教师，尊重学生，请从教育细节做起！尊重学生，请从你、我做起！

二、让尊重走进课堂

最近，我听了一节全国赛课。

这节课，执教教师讲的是人教版语文二年级上册《从现在开始》这篇课文，这是一个有趣而又令人回味的童话故事。故事讲的是狮子想找一个动物接替它做“万兽之王”，猫头鹰、袋鼠都命令动物改变原来的生活习惯，弄得动物叫苦连天，小猴子却让动物们都照自己习惯的方式过日子，因此得到了大家的拥戴。在课堂上，执教教师根据低年级学生的特点，精心创设了教学情境，让学生展开丰富的想象，进行角色扮演，帮助学生走进文本，感悟到要成为“万兽之王”需要心里装着别人，以此深化学生对尊重的内涵的解读。期间，执教教师为了帮助学生理解由于猫头鹰、袋鼠缺乏对小动物的尊重，命令动物们改变原来的生活习惯，弄得动物们叫苦连天这一故事情节，积极创设了师生互动的教学环节。课堂上，教师问学生：“森林里的小动物们，你们听了猫头鹰‘从现在开始，你们都要跟我一样，白天休息，夜里做事’的命令，会说些什么呢?”学生纷纷把自己当作森林里的小蜜蜂、小鹿、熊猫、小猪展开想象，互相交流，课堂气氛十分活跃。有的说："猫头鹰，如果我和你一样白天休息，夜里做事，我会有黑眼圈的！"有的说："如果我白天休息，夜里做事，我就采不到花蜜了！"……之后，教师为了让学生能学着运用规范的句式说话，学习关注语言文字背后的情感表达，指名让班上的四名学生分别戴上小蜜蜂、小鹿、熊猫、小猪的头饰上台表演。也许是在这个过程中教师觉得让学生分角色扮演小动物太花时间了，考虑到下面还有一些教学环节没有完成，于是在两名学生分别饰演了小蜜蜂、小鹿之后，另两名学生还没表演，就让这两名学生回到座位。我当时就在想：不知这两个被请下场的学生此时会做何感想？是感觉遗憾，还是觉得被教师忽悠了？其他的学生又做何感想？这位教师在备课时，原本想通过这样的情境创设达到在课堂上渗透尊重、宽容的人文价值的情感目标，但由于教师过于在乎课堂教学环节、教学时间的把控而做出了此种举动。这种举动是对学生这个学习主体的忽视、弱化，无形中伤害了学生，是对学生的不尊重，反而削弱了学生对本课中要学会尊重别人、心中装着别人这个思想内涵的感悟与认知。

这节课的教学环节延续到了下课铃声响起之时。这时，执教教师不是见好就收，而是对铃声置若罔闻，仍旧滔滔不绝地按照事先设计好的内容，继续指导学生理解——狮子最后宣布："……从现在开始，小猴子就是'万兽之王'了！"然后教师顺势进行小结："因为小猴子考虑到大家，就是对别人的尊重！"教师边说边在黑板上板书"尊重"，接着教师又让学生再带着问题读书、画句子，体会小猴子的话里隐含的尊重，还不忘在课即将结束时布置本课的作业。台下负责摇铃的老师再次摇响下课的铃声。这时，台下一片哗然，可见台下听课的老师对执教教师的这种以自我为中心、不顾及比赛规则、不顾及他人感受的行为也颇有些微言！我想，这位教师此时一定也很尴尬，也一定很想赶紧停下来，但是，为了保证在赛课中自己的教学设计能得到淋漓尽致的展现，她在深知赛课中拖堂会影响总分的情况下，还是一直在絮絮叨叨，真是急煞听课者。我在暗暗替她的教学行为捏把汗的同时，也不禁对如何创建一个生本的、充分体现尊重的课堂产生了以下的思索。

记得著名教育家第斯多惠曾经这样说过，教师只有当他自己致力于他自己的教育和教养时，他才能实在地培养和教育别人。教师必须在自身和自己的使命中找到真正的、最强烈的刺激，把自我教育和追求真理作为终身任务，否则最终也得不到发展中的学生的尊重。这里，所谓的教师自身的教育和教养，我想，那就是教师在课堂中必须用自身的人格魅力给予学生最直接的、最生动的行为示范，必须通过自身的行为对尊重的内涵做出最好的注解，充分体现教师对学生潜移默化的影响。

从本节课执教教师为了追求课堂的完美而出现的上述种种现象，我不禁看到自己和其他教师的一些影子。很多时候，教师在各级各类的赛课、公开课上，本着要上出精品课、完整课的想法，经常一味追求教学设计的精美呈现，而往往忽视了学生的感受、听课者的感受，眼中并没有教学的主体——学生，心中更谈不上装着学生，而是眼中只有自我，只有评委。归根结底，教师想到的是自我，忘记的是课堂上最应该有的“尊重”。可见，教师要做真人，教真知，就要通过自身的榜样示范，让学生领悟文本所蕴含着的尊重他人的隐性教育，就如贾志敏老师说的：“课堂上，教师千万莫把自己当演员，把教室当舞台，把教学当演戏，更莫把学生当道具，必须实实在在上课，全心全意为学生着想。”

是的，课堂是属于学生的！要积极建设“生本”思想的课堂，教师就要树立正确的课堂观，要心中真正装着这些可爱的学生，要有对学生发自内心的尊重，让尊重始终贯穿于教学的全过程。我认为，课堂上的尊重就在于教师对学生有足够的关注，关注学生知识与技能的获取，还学生自主学习的时空，引领着学生不断与文本进行心与心的碰撞、情与情的沟通；就在于教师能关注学生的需求，满足他们对知识的渴望，积极营造学生自由表达的情境，特别是能给那些急需帮助的学生不断奋进的机会，静静等待花开，静静等待火山的喷发，让每个学生享受学习的快乐。课堂上的尊重同样还在于教师在课堂中的点点滴滴，一个温和的眼神，一个得体的手势，一个灿烂的笑容，一席暖人心的话语……让学生在课堂中始终如沐春风，快乐幸福。

在这样写满尊重的课堂上，没有高高在上的权威者，也没有咄咄逼人的话语霸权。这样的课堂，一定是教师与学生朋友式的分享和彼此愉悦的课堂，一定是绿意盎然、充满生命力的课堂！

这就是让尊重真正走进课堂所焕发的无穷魅力！

三、尊重是爱的约定

从教 20 多年来，我接手的班级不管是哪种类型，班里都会有一些好动的学生，对这些自制力差又调皮的学生，我经常是苦口婆心，在他们身上花费很多的教育时间，但是教育效果总是不那么令人如意。

这不，班上的张同学又抢话了，黄同学和林同学又无视课堂纪律，瞎起哄了……以往，我只较多地盯着他们的这个错、那个错，因此教育的方式过于简单，经常挂在嘴边的就是“瞧你又惹老师生气了”“你为什么这么不听话……”“你什么时候才能成为一个好学生……”类似的话语，学生听得腻烦，教育效果自然很差。教育问题摆在眼前，我该怎么去寻找到一种无形的教育力量，让后进生增强学习自主性，让好动的学生学会自我约束，提高自制力，让内向的学生大胆亮出自己，在课堂上都能享受美好的时光，感受学习的快乐呢？

一日，阅读《学习的革命》一文，读到卡耐基讲的“用建议的方法容易让人改正错误，因为他可以保护个人的尊严和自尊”，“一位负责任的教师，最重要的，不仅要教给学生以眼前的知识，更要培养学生有利于未来，有利于人类的个性。教师要理解学生、尊重学生、顺应学生，最后要有能力改变学生。最重要的是改变学生的欲望。理解、顺应是手段，改变才是目的”。思来想去，我认识到，以往自己的种种做法，只会使学生无形中在心里给自己画像“我是个不听话的学生”“我没有优点”“老师不喜欢我”等。我应该通过与学生沟通，采取逐步突破的方法，站在学生的角度，与他们商量、约定：每天与自己比，都有一些小进步。这样既可以保护学生的自尊心，也能使他们得到帮助。

那天，我与学生约定，学生这样写道："老师，我不再上课做小动作了，我要好好学习，我要痛下决心改正缺点。""我保证每节课不被老师盯着看超过三次。""我一周都要表现好，认真听讲，不乱讲话。""我两周都要表现好，作业书写要漂亮。"……

这份爱的约定，是我与学生心灵上的契合。我与学生的约定成了我们之间的秘密，我只要点个头，做个手势，学生就立刻心领神会。师生互相给予的是一种灵魂的交流与心灵的交会。

这份爱的约定，是我与学生心灵上的默契。它成为学生一种自觉的行为，是教师和学生内心的交流，更是教师和学生心灵的碰撞。作为教师的我，"以学生为本"，想办法尽可能多地了解学生、熟悉学生，微笑着面对每一个学生，关注着他们。我根据了解的信息，纠正了学生的很多不良行为习惯，委婉地转达了自己的想法，在正常的沟通与交往中学生们也渐渐喜欢上了我的课。

这份爱的约定，是郑重的承诺。它是学生信守承诺、对人讲诚信的表现。没有了教师的约束，取而代之的是学生对自己、对他人的承诺。对学生而言，能坚持一节课只做三次小动作是很难的，但既然已有约定，他们为了自己的面子，不做不行，一天一点进步，久而久之，他们的进步就看得见。

这份爱的约定，使我与学生的心始终相通，保持了良好的师生关系。对待特殊学生，就要采取超常规的方法来机智应对，这样才不至于使教师陷入被动状态，才能让课堂充满求知的快乐，让课堂始终洋溢着生命的活力。

这份爱的约定，也体现了教师尊重学生做人的尊严，这是教育的真谛。尊重学生是教育学生的基石。在寻找教育学生的最佳契机时，师生之间建立起一种民主平等的关系，是学生理解、喜爱老师最基本、也是最关键的一点。

教师，什么时候你与孩子也有爱的约定？

第三节　信任——教育的起点

在教育过程中，教师要注重情感的沟通，在学生的心灵中架设一座心桥，让信任如一阵和煦的风，吹进学生的心灵；如一场及时的雨，净化学生的心灵；如一缕温暖的阳光，照亮学生的心灵，让爱的土壤孕育着学生快乐成长。

一、信任是鼓足的风帆

综观学生的状况，在学生中出现了这么一个有“社交恐惧症”的群体，他们有的由于个性使然，生性怯弱，总是沉默寡言，离群独处；有的自尊心强，生怕别人嘲笑，因而丧失信心，不敢大胆表现自己；有的缺乏必要的交往知识和主动性，以至于经常回避交往，独来独往，成为现代“独行侠”；有的情感冷漠，难与同学建立情感，终日封闭自我……但事实上，这些学生冷漠的外表下，跳动着一颗滚烫、火热的心，在他们的内心深处，同样渴望受到关注，同样渴望与人交往，同样渴望得到别人的接纳、认同和支持。因此，在教育中，教师应针对这些弱势群体存在的心理障碍，引导他们用积极的心态，融入集体，融入社会，有意识地提高与人交往的能力，身心舒展地成长，成为现代社会所需要的人才。

我认为，帮助这些学生树立自信心是他们走出心理阴影、走向灿烂阳光的第一步。帮学生树立自信心是一个艰巨的任务，需要一个漫长的过程。该如何引导学生呢？在教育过程中，我针对他们存在的心理障碍，采取了“信任激励—锻炼实践—交流沟通”三步走的策略，对存在不良性格或心理障碍的学生倾注更多的关爱，将爱化为鼓足的风帆，让学生经历成功的喜悦和体验，使学生的自信心在一次次成功的喜悦的激励下，得到巩固和加强。有了自信，学生就会带着希望走向成功，他们的良好性格、健康人格就会得以充分发展。

记得曾教过这样一个学生，她的学习成绩并不理想，常居班级之尾。课堂上，她总是默默坐在角落，下课也寡言少语，在我的目光与她相遇的时候，她的目光中写满了惶恐与不安。但从她作业本上那工工整整的书写，我感觉得出，她是个要强的孩子。虽说和同学比，她还有很大的差距，但可喜的是，她并没有自暴自弃，而是暗暗与同学较劲。我心想：这是一棵需要更多阳光和水分的小苗呀！于是，我不失时机地在她的作业本上写上“有进步”这三个字，不失时机地用关爱的眼神悄悄地为她鼓劲，向她传递这样的爱：你的成绩我看得见，你的努力我看得见，在老师的心中，你和班上的其他同学一样，都是“最棒的”。我发现，在我细心地呵护着这颗敏感脆弱的心的同时，爱也在悄悄地拉近我和她之间的距离，也在悄悄拆掉她在我们之间立起的那堵高高的“心墙”。尤其是在她不能流利回答问题的时候，我总是投去一个期待的目光，说上一句信任的话语，在她的心里种下一颗自信的种子。于是，她学习的劲头更足了，课堂上，虽然还是显得有点羞怯，有点紧张，但她的小手渐渐举起，小脸上也开始露出开心的笑，朗读时表情投入，作文中也不乏真情的流露。

在班里，我还积极创建健康的育人环境，注重正确的舆论导向，不失时机地教育学生在集体中懂得接纳他人、赏识他人，在班级形成一种互相关爱、互相激励的氛围。如开展“你是我的好朋友”结对子活动，指导学生拟写了结对子计划，用实际行动从学习和生活上积极帮助身边需要帮助的小伙伴。在这个活动中，她和班上一个学习好的孩子结为小伙伴，在同伴的帮助下，她感受到集体的温暖，也增强了自信心。我还充分利用家访，就如何帮助她树立自信心等问题与她的父母达成共识。我欣喜地看到，家庭教育环境的形成，教师与伙伴的信任和赏识，让她看到希望，变得更加自信，她为自己取得的成绩而欣喜，为自己的付出而骄傲，更加激发了她自身的内驱力，扬起了自信的风帆，驶向成功的彼岸。

后来，她小学毕业，步入了初中的校门。从那以后，也很少见到她回母校。但每当听其他回母校的学生忆起当年种种，谈及她在所在中学成绩进步快，成为班里的小干部时，我就会想起她淡淡的微笑，绘声绘色的朗读。第19个教师节来临时，我收到了她的来信，当读到“林老师，我是带着您曾说过的那句话‘天生我材必有用’走向生活的”“告诉您，我在学校的普通话比赛中获二等奖”时，我心里充满了欢喜和快乐。虽然她最终没有成为生活的宠儿，没有跨进名牌大学高高的门槛，而是成了掌握一门技术的工人，但她的生活中同样充满希望，充满惊喜，更充满阳光。

多年以后，可能学生早已记不得教师讲过哪个词语的解释，哪篇课文的精彩，但有可能在学生的记忆深处，还记得教师曾说过的一些只言片语——对他（她）的人生道路有所帮助的话。不经意间，“天生我材必有用!”“一个人有了错误并不可怕，可怕的是没有改正错误的勇气与决心!”“做最好的自己!”“要做生活的强者!”……这些话语，有可能会改变一个曾经缺乏自信的学生的一生，帮助他扬起人生的风帆，确立人生的目标，在生活中寻找到属于自己的位置，拥有属于自己的明媚的天空，坚定地走着脚下阳光灿烂的路。

教师给学生更多的人文关怀，用自己的心灵去耕耘，用自己的情怀去教导、去解读学生的心灵需求，提供给学生展现才华的舞台，热情地赞美他们，使其迸发出进取向上的激情，唤醒学生内心成材的愿望和责任感，使学生的潜在智能得到开发，自信心得到培养，也就为学生铺设了通向成功的阶梯。

二、信任是沟通的纽带

很快，又迎来了新学期。怎样才能使学生立刻收心，以崭新的面貌进入新学期的学习生活呢？我认真地思考着，并且有了主意。

悦耳的上课音乐响了，我快步走进教室，在大黑板上画了一片蔚蓝的大海，在蔚蓝的海水中几只美丽的小鱼快活地游来游去。我转身，看见同学们满脸诧异。

我指着这些可爱的小鱼，动情地说：“小朋友们，林老师觉得，你们就是这群快乐的小鱼。瞧！你们正在知识的海洋里尽情地遨游呢。”此时，学生的眼睛熠熠闪亮。很显然，他们已被我这番热情洋溢的话语打动了。

“林老师知道，你们都希望自己能做一条快乐的小鱼，一条爱学习的小鱼，畅游在知识的海洋中。可是，怎么才能成为快乐的小鱼，去体会学习的快乐呢？哪个小朋友来说一说？”

学生们七嘴八舌地说开了：“快乐的小鱼要守纪律。”“快乐的小鱼爱学习。”“要成为快乐的小鱼，首先学习成绩要好！”……

我静静地听着，不慌不忙地在黑板上的小鱼旁边写上“爱学习，守纪律，会倾听，善表达”这几个字，然后说道：“快乐的小鱼，让我们一起进入新课的学习吧！”

课上，我不断地鼓励学生：“快成为快乐的小鱼吧！”“快让自己摆动尾巴，在知识的海洋里游动起来吧！”……学生们的学习热情高涨，思维的闸门被打开，不时有亮点出现。

这时，我发现有一个学生听课有点注意力不集中了，正摆弄着手中的尺子，我悄悄地提醒：“林老师发现有一条小鱼现在离开集体，快被海浪冲到岸上了，大家快来帮帮他吧！”这个男孩一听，不好意思地停下手中的“活”，专心地听起课来。

下课了，我送给每个学生一条“小鱼”。这些色彩缤纷、形态各异的小鱼贴贴纸的可爱的造型深深地吸引了学生。耳旁传来这样的声音：

“哈哈！我有一条小鱼了！”

“我是快乐的小鱼了！”

……

几天之后，我又送给上课守纪律、学习有进步、思维活跃或是进步特别明显的“小鱼”一份特殊的礼物——小贝壳。当我将那一枚枚小小的贝壳放在“小鱼”们的手心时，他们的双眸绽放着光彩。

下课了，我正低头忙着整理教具，“林老师，我不配得到这枚贝壳！因为我觉得自己上课表现退步了。我不是一条守纪律的小鱼。”抬头一看，是班上一位活泼好动的小男孩。此刻，在他的手中静静躺着一枚小贝壳，他的眼中写满了真诚。

小男孩递给我的是一枚小贝壳吗？不！不是的！那是一颗最纯真、最美丽的童心。这不正是教育所产生的巨大魅力吗？这不正是我一直苦苦追求的教育境界吗？

回想以前，我站在高高的讲台上，面对这群满怀憧憬，快乐地走进学校大门的学生，我总是谆谆教导："你们现在已经是小学生了，应该懂得学习很重要。""你们要认真学习，长大才能成为一个对社会有用的人。""你们应该懂得爸爸、妈妈和老师的一片苦心呀！"……我总是不厌其烦地对他们强调学习的重要性，可是教育的收效却不大。班上那些调皮、好动的学生似乎总不能体会我的良苦用心，我也常常为此感到非常苦恼。可是，当我努力创设了一个温馨的、美丽的教育情境，用美丽的故事向学生传达了我对他们的信任与期待时，信任就如同一座架设于我和学生之间的心灵的桥梁，拉近了我与学生的心，学生幼小的心中装下了这一枚小小的贝壳，一种教育情怀也在这时被悄然唤醒了。

使学生最乐意接受的方法才是最好的教育方法。确实，对学生光有一颗爱心是远远不够的。反思一下自己，由于以前忙于教学，对自己采取的教育方法是否真正符合学生的年龄特点，是否真正能被学生接受，是否能产生真正的教育实效，缺乏认真的思考和积极的探索，只是一厢情愿地、迫不及待地将深刻的人生道理告诉学生，却忽略了对教育艺术性的积极探索。现在，我讲述的这个关于小鱼的故事之所以能深深打动学生的心灵，是因为它塑造了一个美丽的形象——快乐的小鱼，是因为它符合低年级学生富于幻想的年龄特点，是因为它使学生幼小的心灵中充满了对知识无限的神往与遐想，使他们觉得枯燥的学习生活变得更有吸引力，学习是一件快乐无比的事，自然，他们的学习动力得到了进一步的催生。这才是学生最乐意接受的教育方法，这才是教育所追求的境界。

在引导学生学会做人、学会学习的日子里，我都在不断地思考、积极地寻找，并不断地赋予教育更生动的内涵和形式。在教育过程中，我尤其注重用一颗童心与学生交流，用信任搭起一座与学生相互理解、相互沟通的心桥，走进学生的世界，引领他们健康成长。当学生上课随意插话时，我会幽默地说："是哪只百灵鸟在唱歌呢？"当学生写了错别字时，我会讲小马虎的故事；当学生在学习中遇到困难犹豫不前时，我会说："快迎接挑战，早日到达知识的彼岸吧！"……此时，教育往往会取得意想不到的效果。如今，我觉得自己也成了一条鱼儿，与学生们一起欢快地摆着尾巴，向着美丽的人生海洋游去，游去……

这就是快乐的小鱼给我的启示。

三、信任是无声的语言

记得曾在一本杂志读过一篇文章，讲述了一个感人的故事：某校在举行校庆时，记者采访了一些校友———他们都是社会上很有知名度的学者，让他们说说当年在母校读小学时曾经得到过老师怎样的帮助。这些学者不约而同地回答：是老师的眼睛让他们走向成功的。

看到这，我不禁记起《穆老师的眼睛》这篇课文。文中写道："穆老师的眼睛双眼皮儿，乌黑的眼珠又圆又大。乍一看并没有什么特别，可是你仔细一瞧，穆老师的眼睛还会说话哪。……"是呀！穆老师那双温柔的眼睛，曾经打动了多少学生的心，它是穆老师教育智慧的体现。的确，教师的眼睛应该具有无穷的魅力，教师的眼睛应该是一双教育的慧眼，它是教师和学生心灵沟通的桥梁，是师德修养的必须，更是教师教育艺术的体现。

人们常说："眼睛是心灵的窗户。""人的一切美好的情感在眼睛中都能得到淋漓尽致的体现。"在教育中，教师与学生进行心灵的沟通，眼睛的交流是一种重要的方式。

教师的眼睛应当是明亮的，灿烂如天边闪烁的星辰。教师要让学生从低垂的眼睛中读出失望，从上扬的眉毛中读出喜悦，从含笑的双眸中读出赏识。教师的眼睛应当具有穿透力，能穿透学生的心灵，直至他们的灵魂深处，让学生的心中充满阳光，感到温馨与幸福，抚平他们心中的焦虑、紧张和恐惧。

教师能用眼睛说话，也是教育的一种佳境，是师德素养的体现。一名智慧型的教师，面对出现的教育问题，或是遇到一些不顺心之事，总是首先学会制怒，再适时引导：面对调皮的学生，不会大声呵斥，而是用温柔的眼神轻轻提醒，增强他们与自身不良行为做斗争的勇气；面对灰心失意的学生，不会冷言冷语，而是用关爱的眼神悄悄鼓励，增强他们的自信；面对取得成功的学生，不会漠然视之，而是用赞赏的目光为他喝彩，催他们继续前行；面对反复出错的学生，不会轻言放弃，而是用无声的语言给他们善意的提醒。

教师用眼睛说的话是无声的语言，它既呵护了学生幼小的心灵，维护了他们的面子，又赢得了学生的信任与尊重。当学生在教师的目光中读懂了教师深沉的爱，读懂了教师的良苦用心，他们就会在心中洋溢着快乐与幸福，被激励着不断奋进，并化作人生的动力，坚实地走好人生旅程的每一步。

教育是一种艺术，一种唤醒的艺术。有的教师总在寻觅教育的秘诀。其实，教育的秘诀，说到底，就是爱。教师的眼睛会说话，它似爱的甘泉，似爱的乳汁，它是爱的指引、情的唤醒，它如春风细雨，拨开学生眼前的迷雾，净化学生幼小的心灵，完善学生美好的人格。

教师用眼睛说话，是教育慧心的表现，是教育的方法，更是教育的艺术。人们常说："不种庄稼的田地一定长草。"学生是娇嫩的幼苗。教育，就是要在学生的心灵中开出最美丽的花儿，使他们成为健康的、独立的、创造的、有道德的人。

教师的慧眼，必定是一双充满信任的眼眸，它更是无声的语言，信任每一个幼小的心灵，也唤醒每一个沉睡的心灵，给学生一个自我成长的空间，教学生学会自我控制，学会自我激励，做一个自信、快乐、向上的人。

第四节　激励——最好的教育

每一位学生都是独特的，都拥有生命发展权。被誉为“拥抱博士”的世界著名演说家、教育家、作家利奥·巴斯利亚说过：“我们经常低估一次触摸、一个微笑、一句暖心话的力量，一双倾听的耳朵、一句诚实的赞扬抑或一个微乎其微的关爱之举，这些善行都有可能改变一个生命。”

教师在教育过程中，要以饱满的教育情怀，把微笑留给学生，把激励的话语送给学生，以一颗充满活力的心与学生进行心灵的交流，积极建立一个温暖的、充满生命活力的课堂，去赢得学生的信任与尊重，去触动学生不断向上的需求。

一、激励是温暖的阳光

一天，我和平常一样，刚上完课，正坐在办公室的椅子上放松心情，忽然手机收到这样一条短信：“林老师，这学期，我的孩子对学习更有兴趣了，做作业的速度也提高了很多，多亏了您的鼓励，十分感谢您的辛勤劳动。”

短信中提到的这个学生是个乖巧、听话的孩子，他循规蹈矩，作业保质保量，学习成绩也不错，是个让老师很省心的孩子。新学期开始，为了树榜样，我总在班上表扬他坐姿端正，像棵“小白杨”，书写工整，不愧为班上的“书写星”……而每当我表扬他时，他澄澈的双眼中总流露出幸福的喜悦，灿烂的笑容写满了他的小脸。课堂上，他的腰挺得更直了，学习的劲头更足了。

这条短信，让我从中读懂了这个孩子的内心：在他文静的外表下，其实有一颗火一般热情的心，这颗心灵是那样渴望得到鼓励，得到关注。这样的心情，是那么熟悉。因为曾几何时，当我还是个孩子的时候，我也是那样期盼着得到老师和他人的赞美。虽然将至中年，但当年老师“我最喜欢你做事有条有理”的话语还常常萦绕在耳旁，老师的话如一缕温暖的阳光，如一丝和暖的春风，温暖了我幼小的心灵，让我体会到了老师对我的爱，品尝到了幸福的滋味。它成为我人生道路上不懈进取的动力，它也使我在成为一名教师之后，总记起法国文学家罗曼·罗兰曾经说过的一句话：“要播撒阳光到别人心中，总得自己心中有阳光。”

这条短信，不禁引发我对教育的思考。

反思自己，在教学中，我虽然能尽量关注到班级里的每个学生个体，为了促进他们的发展，经常开展形式多样的学习实践活动，开展各种各样的评比活动，在班级形成了你追我赶的良好学习氛围。但扪心自问，在教学中，我还是把太多的精力给了那些作业质量差、课上纪律表现差的学生，把太多赞美的话语给了那些学习成绩优秀，课上纪律表现好的学生，而常常忽视了这个群体中那些表现乖巧的学生。在不经意中，他们已被我悄悄地遗忘在了心灵的某个角落里。试想，长此以往，或许他们的眼眸将不再那么明亮，他们的学习将不再那么热情，他们也将渐渐甘于平庸。这是作为教师的我所不愿看到的。

家长的这条短信使我不禁想到，我们现在都在呼唤和谐教育，呼唤绿色教育，呼唤教师在教学中能以人为本，创设和谐的教学氛围，注重对学生个性化的关注。由此看来，教师对学生的爱和理解是教育和谐的核心，促进每个学生的发展是和谐教育的目的。朱永新教授曾说：“好的教育应该是满足每个人个性化的教育需求。”每个学生都是鲜活的、灵动的、独立的个体，每个学生都需要关注，希望老师看到他们学习过程中的每个艰辛的付出，希望老师看到他们学习道路上的每个坚实的足迹。每个学生心中都有个美丽的期待，那就是，希望老师能像太阳那样把温暖的阳光照射到他们心灵的每个角落。而教师一个不经意的微笑，一句不经意的表扬，都是一种激励，都是一种促进，它会如一缕温暖的阳光，给予学生激励与赏识，给予学生无限的遐想与动力，使学生的美丽期待不会在一次又一次的等待中化为泡影，使学生内心深处积极向上的火苗不会在一次又一次的等待中化为灰烬。

教师要真爱每个学生，就要从学生心理出发，真正理解学生的需要，顺应学生的需求，注重每个学生的个性特点，充分运用教育的艺术，建立一种相互理解、尊重、谅解、信任的师生关系，为学生创设宽松、和谐的学习氛围，使学生能够真正体验到当一名学生的幸福感与自豪感。这样，成功的体验和喜悦将引导学生把兴趣始终放在学习上，并伴随着他们的成长历程，使他们真正享受到成长的快乐。

教师要真爱每个学生，就要善待每个学生，和学生平等对话，与学生真诚沟通，用宽容与关爱，耐心细致地帮助、引导学生快乐成长。教师要善于借助学生积极向上的特点，挖掘其奋发向上的美好理想的种子，耐心地加以培育。教师要把最美的微笑留给学生，把激励的话语送给学生，用爱培养学生，让学生时时感受到教师的真诚，体验到被尊重、被信任、被理解，受到激励、鞭策、鼓舞、感化，形成积极的人生态度和丰富的情感体验，从而让自己更富有人格魅力。当教师的爱如真理的光芒，普照着每位学生时，学生才能生活在充满真爱的氛围中，时时沐浴着爱的阳光，时时享受着爱的温暖。

教师要真爱每个学生，就要积极构建和谐、平等、民主的师生关系，用爱心去教育，把阳光播撒到学生心灵的每个角落，让教育发光，照亮学生的心灵，给学生一个美好的世界。当学生的心灵不再沉寂时，就会如火山喷发般发出巨大的能量，从而品尝着学习所带来的快乐，找到实现自我的幸福。

作为教师的我们，还有什么理由对此漠然处之？还有什么理由静心等待？快用心去构筑爱的世界，让爱心永驻，让真情永恒，愿爱成为美丽的使者，滋润每个学生的心田，孕育、破土、成长，让累累的硕果结满学生的心田，奏响每个学生生命中最为激越的乐章吧！

二、激励是美丽的诱惑

这些年，为了调动学生的学习积极性，我总是给学生一些“小恩小惠”，如一张贴贴纸、一朵小红花、一颗小星星……后来又给予学生

“重奖”，如奖励一支精致的铅笔、一本精美的本子……得到奖品的学生往往显得很兴奋，没得到奖品的学生则是很失落。我心中暗喜：看来，这样的奖励挺见成效的。但不久，我就痛心地发现，当这些奖品已经逐渐褪色，渐渐失去它的诱惑力后，有些学习被动的学生又恢复了自我的真实本色，他们的一些不良学习习惯仍然改变不了。

于是，我又想到了给学生颁发各种“名目”的小奖状，从各方面来激发学生的进取心。这些奖状花样繁多，有关于课堂表现的，积极发言的，认真阅读课外书的，作业书写认真、工整的，及时订正作业错误的，敢于超越自我、大胆展示自我的，等等。

为了改变以往奖状名称的单调性，我和学生一起商量给奖状取名字。经过师生一番热烈的讨论后，奖状的名称“尘埃落定”，既叫得响又目标性强。如“大雁奖”“小蜜蜂奖”“小黄莺奖”“书写星”“明星奖”“小小播音员”“最佳小评委”……

我在给学生的奖状里这样写道：

“你上课勤于思考，发言踊跃，被评为班级的‘小黄莺奖’。”

“你在语文学习中，通过自己的努力，良好的学习习惯初步得到培养，学习成绩不断提高，被评为班级的‘大雁奖’。”

“你在语文学习中，能像蜜蜂一样在知识的花园里辛勤地采蜜，写话水平得到提高，被评为班级的‘小蜜蜂奖’。”

“你在语文学习中，能自觉完成作业，并养成自觉订正作业的好习惯，被评为班级的‘小啄木鸟奖’。”

“你在语文学习中，能以课堂为舞台，大胆展示自己的风采，被评为班级的‘小明星’。”

……

一个月后，经过学生自评、互评，老师评等，奖状陆续“名花有主”。紧接着，我又采用不定期的表彰与奖励的做法，对学生的进步给予及时的肯定，有效地从各方面调动了学生的积极性，使他们的学习积极性空前高涨，班级呈现出你追我赶、奋勇争先的良好势头：许多学生的作业质量明显提高，为的是成为班级的“书写星”；课堂上，有很多学生再也沉不住气了，而是兴奋得小脸通红，小手高举，为的是成为会发言的“小黄莺”；一些学习比较被动、没有养成自觉订正作业习惯的学生，也抵挡不住奖状的诱惑，振作起来，为的是成为善于捕捉知识大树上的害虫的“小啄木鸟”；一些性格较为内向的学生也冲着奖状的魅力，不再自我封闭，以课堂为舞台，大胆亮出自我，成为班级的“小明星”……

这些奖状取得的教育效果，大大出乎我的意料。

这让我不禁想起苏霍姆林斯基说过的：“教育技巧的全部诀窍就在于抓住儿童的这种上进心，这种道德上的自勉。”“善于鼓舞学生，是教育最宝贵的经验。”是啊！教育是一个不断创新的过程。在教育中，教师首先要思考这样的问题：爱的原色是什么？爱，就是面向每位学生，就是尊重与发展学生的人性和个性。泰戈尔说：“爱，是理解的别名。”是的，爱，需要理解。教师应意识到，学生需要理解、需要得到肯定，就如花儿需要阳光、空气和水分一样。教育中，教师懂得学生的需要，学会赏识每位学生，对学生学习过程中的点滴进步给予肯定，是他们健康成长的必须。因而，适当的奖励是一门大学问。

给学生奖状，这是充满人性化的教育方式，又是颇具诱惑力的教育方式。这些奖状，符合低年级学生喜欢幻想、善于模仿的天性。“大雁奖”不正告诉学生，集体需要的是积极向上的团队精神，每个同学都要有集体观念、团队精神，只有努力学习，才不会掉队的道理？“小啄木鸟奖”不正隐喻着，作为学生，要像啄木鸟那样，勤于订正错题，消灭知识缺漏的道理？“小蜜蜂奖”不正告诉学生，学习如采花酿蜜，需要如小蜜蜂那样勤劳采蜜，辛勤工作，才会酿出香甜的蜂蜜的道理？……

这些奖状，充分迎合了小学生爱表扬、争强好胜的心理。对于学生来说，这些奖状涉及的面很广，内涵也非常丰富，奖状上教师所写的评语让学生从中看到了教师的关注与期待、尊重与肯定，树立了自信心；也让学生从中感受到了教师的爱、教师的情。它是一种精神的激励，远比物质的诱惑更大，更具有持久性。学生在获得奖状的过程中，既体会到学习的乐趣，又树立了自信心，从而以良好的心态去正视学习中遇到的困难，并在挑战困难的过程中获得成功的体验。

三、掌声是最美的激励

在语文课上，我和学生一起学习《掌声》这篇课文。课文中“从那以后，英子就像变了一个人似的，不再像以前那么忧郁”真实道出了身患残疾而忧郁自卑的英子在两次掌声的激励下，终于走出了心理阴影，成为一个乐观开朗的人。

作者用细腻生动的文笔讲述了一个令人感动的故事，我和学生都沉浸在了故事所描写的那人、那事中。课结束时，我激情满怀地说道：“同学们，掌声是精神的催化剂，掌声中包含的更多的是爱。人人都需要掌声，特别是当一个人身处困境的时候。让我们珍惜别人的掌声，同时，也不要忘记把自己的掌声献给别人。”

是呀，掌声，代表着鼓励，代表着赞扬，更代表着肯定。生活中的鲜花、掌声会让每个人感到幸福和甜蜜。只要我们每个人能适当地给别人以鼓励，哪怕是一次小小的掌声，都会给他人以莫大的力量，甚至会因此改变他的一生，让他在掌声中幸福、快乐地成长。

在学生成长的舞台上，教师的掌声尤为重要！在教学中，我总是毫不吝啬地把掌声送给我的学生们，因为我深深地懂得，为学生喝彩是教师教学的一种艺术，更是一种爱的表现。把掌声送给学生，表达了教师内心对学生的赞美，当掌声响起的时候，意味着教师对学生的接纳、欣赏和鼓励。这掌声背后，包含的是教师的纯朴愿望，那就是，相信学生在教师慈爱的言行中，在教师的掌声中，能自由放飞自我，抒发真我个性，得到心灵的阳光，真正学会欣赏他人，悦纳他人。

课堂上，我把掌声送给勇于战胜自己、积极参与课堂学习、大胆发言的学生；送给经过不懈努力、在学习上取得进步的学生；送给懂得关心他人、热爱集体的学生……我总会情不自禁地鼓起掌来，为学生的点滴进步而鼓掌，为学生的精彩创意而喝彩，为学生的长大懂事而祝贺……爱的掌声响起在课堂的每个角落。这掌声，和着心灵的节拍，悠远深长，强烈地撞击着每个人的心灵。每到这时候，我无声的行为示范与激励作用因掌声而变得益加突显，学生也跟着我鼓起掌来，他们为伙伴的点滴进步鼓掌，为集体取得的成绩鼓掌。

在充满爱的语文课堂里，我也收到了爱的回报。在平凡的教学中，每当我向学生绘声绘色地讲起故事、深情地唱起歌、声情并茂地朗诵课文时，我总能听到学生的掌声。记得有一回教学《小小的船》，讲到情深处，我轻轻地哼唱起来："弯弯的月儿小小的船……"美妙的旋律在教室中响起，学生专心地听着，眼中流露出欣赏与赞美。刚表演完毕，他们就情不自禁地鼓起掌来。面对几十张无邪的笑脸，面对几十双热情的眼睛，我沉醉在这整齐的、热情的掌声中。有几回，我忘情地朗读着课文，原本安静的教室忽然响起掌声，刚开始只有几声，接着就如爱的潮水般包围着我；有几回，我绘声绘色地描述着课本插图上的内容，教室中爆发出的掌声令我心头漾起阵阵涟漪；还有几回，我用粉笔勾勒出湖光山色，或是在黑板上范写生字，粉笔还在黑板飞舞，学生的掌声也会响起来……

这看似平常且微不足道的掌声，深深震撼着我的心灵。学生用掌声，表达了他们对老师的尊重，也给我带来了无穷的信心与力量。每个人都需要被赏识，每个人都需要爱！有爱的地方就会有掌声，有掌声的地方就会有幸福。

这掌声，拉近了我和学生的距离，构筑起我和学生爱的心桥，引领着我和学生一起去享受人与人之间心灵的沟通与理解，人与人之间相互的信任与鼓励……共同去建立一个温暖的、彼此接纳的、相互欣赏的学习场。这掌声，也使我和学生从中感受到自身的价值以及被他人尊重的快乐。

想到这，我不禁在心中轻轻哼唱起自己最爱的一首老歌——《掌声响起来》：

孤独站在这舞台，
听到掌声响起来，

我的心中有无限感慨。
多少青春不在，
多少情怀已更改，
我还拥有你的爱。
……
掌声响起来，我心更明白，
你的爱将与我同在；
掌声响起来，我心更明白，
歌声交汇你我的爱。

第二章 师爱，是一种学习

教育的艺术是发现的艺术，是唤醒的艺术，是欣赏的艺术。教师是引领学生走向幸福的人，是学生精神生活的关爱者。教师的爱是一种教育的德行，更是一种情感艺术。教师要会爱，还要有爱的技巧，“严中有宽，严而不苛求学生；宽中有严，宽而不放纵学生”。只有教师不断提高自身的综合素质，才能培养出明礼、诚信、自尊、自爱、自信、有创新精神的高素质人才。

孜孜不倦、积极进取是对教师的业务素养的要求，是教师对知识传承负责任的最好体现。教师要树立终身学习的思想，不断更新教育理念，不断充实自己，改变并完善自己的教育教学行为，在教学中学习，在学习中教学，迸发美丽的教育智慧，让每个学生都获得能带得走的能力，健康成长！

第一节　读书——智慧的增长

教师要做好教书育人的工作，首先要做有文化、有根的人，才能引领学生一起走进充满真善美的世界。

提高自身的文化素养和道德修养是每位教师的必须。教师要把不断完善自我、超越自我作为人生的目标，把具有丰厚的知识积淀和高尚的人格修养作为自身的自觉追求。读书会让教师更加善于思考，远离浮躁，会让教师更加有教育的智慧，真正获得专业的觉醒、发展、拓展与提升。

教师要在教学实践中与名著、经典为友，不断夯实自己的文学素养，完善自我的品格，如园丁般辛勤耕耘，用自己的经验和学识在学生的心灵播下知识的种子，引领着他们走向未知的、神奇又充满魅力的世界。

教师要与好书对话，在提升自我素养的同时，认真对话文本，品悟文本的情感，解读文本的真正内涵。教师进行文本解读的视野拓宽了，就能从不同的角度、不同的视野、不同的高度，紧扣文本的特点设计教学，充分展现自己的教学智慧，实现教学的有效性。

所以，教师读书不仅是为了获得教育思想的营养、寻求教师智慧的源头，也是为了通过情感与意志的碰撞与交流，塑造自身完美的人生理想与人格力量。

一、与好书对话

教师要多读一些好书，从中汲取精神的力量。

首先，教师要多阅读一些经典的著作和教育新理论类的著作。1990年，当我走上讲台后，最早接触的这类书就是《魏书生文选》(1—2卷)。我得到这两本书后，爱不释手，晚上一有时间就在灯下阅读。书中给我印象最深的，是魏书生老师在管理班级时采取的快乐“惩罚”，如迟到了就让学生唱一首歌，或是让学生写“自我教育说明书”。这样民主而科学的做法，深得学生的心，也使魏书生老师深得学生的心。我被深深地震撼了。原来这就是教师，一个有智慧的教师，在对待学生的错误时该有的态度。因此，到现在，当我面对淘气的学生时，我总是记起魏书生老师的话：“肯承认错误则错已改了一半!”于是，我总会这样告诉学生：“一个人在他成长过程中犯错不可怕，最可怕的是没有改正错误的勇气和决心!”于是，在与学生的交往中，我尝试着与他们交朋友，我蹲下身子来看他们，心中的梦想也离自己越来越近。

在往后的日子里，我由于学校工作的需要，担任过年段长、教导处副主任、德育处主任，不管是在哪个工作岗位，我始终坚持阅读一些教育新理论的书籍，如陆续阅读了李镇西的《做最好的老师——李镇西30年教育教学精华》《我这样做班主任——李镇西30年班级管理精华》《爱心与教育——李镇西素质教育探索手记》等书籍。在读刘正荣的《一线班主任工作法》一书时，我从书中列举的丰富的案例，了解到了目前最先进的中小学班级管理理念，刘正荣从中小学一线班主任的工作实践出发，对班主任如何自我成长，班主任与学生、家长、任课教师如何更好地沟通，班主任对学生如何做正确的评价与激励，班主任对“问题”学生该怎样进行全面分析做了系统的介绍，其内容新颖、观点鲜明、案例具体，使我获得了一线班主任管理班级的工作经验和教育智慧，也让自己懂得了要用心做事，用真诚、爱心、细心、耐心去“做孩子生命中的贵人”。我还阅读了一些中外教育经典书籍，与过去的教育家对话，如阅读了《陶行知教育名篇》《叶圣陶教育文集》《杜威教育名篇》《给教师的建议》《教育漫话》《论语》等书籍。这些书籍是初为人师的我的教育思想形成与发展的基础，也是我不断成就自我的基本条件。

教师还要多阅读一些闪烁着教学智慧与探索精神的书籍，如《教育的理想与信念》《李吉林小学语文“情境教学－情境教育”》《培养反思力》《小学语文名师教学艺术》等。如读陶继新老师和李升勇校长著的《课堂教学的颠覆与重建——山东省乐陵市第一实验小学“大语文教育”的破冰之旅》这本书，他们的对话有思想的碰撞、智慧的交融、人格魅力的交相辉映。书中阐明的一种路径和改革的可能性以及其中所折射出来的理想情怀、思想含量、智慧闪光带给读者丰富的启示，并内化为一股直击自我心扉的力量。在这本书中，陶继新老师与李升勇校长以行者的姿态，在各自的路上做着的实际上是同一件事情，就是为教育而作为而担当，也让我愈加懂得教师的自我提升就应在学习中借鉴，在借鉴中超越，从问题中来，到理想中去，让理论先行。我还阅读了《本色语文》一书，本书针对当前小学语文课改中的热点问题，精选大量翔实的教学经典案例，进行深入浅出的剖析，理性地思索小学语文教育教学的本质规律，在阅读、习作、识字教学等方面提出了诸多富有见地的观点和有效的方法，使我领悟到“本色语文”的真谛。在读《教师的20项修炼》中，我懂得了教师的修炼可以小到服饰、微笑、语言、习惯等，教师的品德修养可以从宽容、德行、智慧、情感等修炼，用自己的德行育人。更重要的是，教师要有自主阅读，过一种阅读的生活。《好老师可以避免的20个课堂错误》的作者是美国的伊丽莎白·布鲁瑞克斯，她是当今教育界最具有实践经验的教育家和演说家，她的听众遍布世界各地，所到之处，她激情四溢的演讲，使得听众坚信自己选择了一个正确的职业——教师。伊丽莎白曾和后进生一起相处了24年，她坚信教师是这个世界上最富有挑战的职业。她常说的一句话就是：“只有深入孩子才能教育孩子。”在教育上千万不要出错，因为孩子会盯着我们的一举一动！作为教师，“只有深入孩子才能教育孩子”。这是在读了《好老师可以避免的 20 个课堂错误》一书后，我的想法与收获。确实，“人非圣人，孰能无错”？教师也是普普通通的人，要如何使自己在教育中少犯错误，甚至不犯错误，做一个真正受学生欢迎的好老师呢？最重要的一点，就是教师要对学生有爱。教师不但要有一颗爱心，而且要在教学上多下功夫钻研和学习。教师要读更多的书，学习更多的教育理论，让自己不断进步。在教学中，教师要让自己的课堂充满蓬勃的生命力，通过制作可以吸引学生去学的课件，通过亲切形象的肢体语言，通过活泼生动的表演，通过你追我赶的游戏比赛，等等，关注每一个学生，注重每一个教学环节，精心设计每一堂课，让学生融入课堂，让学生快乐成长，让学生在快乐中学会求知、学会表达、学会合作、学会创新。多学习、善学习，也是教师“如何避免错误”和“如何纠正错误”的保障，它能使教师保持清醒的头脑不犯错，或者是在犯错后进行有效科学的纠正，提高对课堂的掌控力，从而成为一名更受尊敬和更具效率的教师。

二、以好书为良师益友

《教育的理想与信念》这本书是肖川历时 10 年写成的教育随笔，语言清新隽永、随性、纤细、耐人寻味。它如一缕幽香，悄悄地直抵我的灵魂深处，同时，在我面前打开了一扇教育之门，让我窥探到他对教育的深刻反思与对明日教育的祈盼，进一步了解了他的教育思想，分享了他的教育主张，与他同思教育的人性、人文。更可贵的是，他促使我进一步思考、寻找“什么是教育”“作为一个教育者该怎么更好地育人”的真谛。

在《与经典为友》一文中，肖川这样说道：“随着社会的发展，对教师的要求是越来越高了，但孔子提出的‘学而不厌，诲人不倦’恐怕什么时候也不会过时。如果教育中没有爱，没有真诚，任何模式、任何方法大概都很难奏效，不管它多么的新。”他还强调，作为新时期的教师，要把这些古老的智慧转化成教师的信念和行为，“需要点点滴滴的浸染、涵养，经年累月的尝试、摸索、积累和深化”。与其说这是他对教育的思考，不如说这是他对教育长期眷注后的祈盼。这使我不禁想起了一首诗：师爱如同美丽的伞／在雨中／给孩子一片晴朗的天／师爱如同温馨的摇篮／把孩子最美最美的梦／摇向明天／师爱如同春雨、春风／去让理想的花苞绽放灿烂／我要把这爱／点点滴滴积累沉淀／积累沉淀成一座山／我要让这山的分量／山的高度／只增不减……

是的，没有爱，就没有教育。是否热爱自己的学生，实际上也就决定了教师教育工作的成败。“假如你厌恶学生，那么，当你教育工作刚刚开始时，就已经结束了。”这深刻地说明了教师爱生的重要意义。我们常说，师爱为魂，学高为师，身正为范。一个优秀的教师，应当用自己满腔的爱去关心、尊重学生，耐心细致地指导学生，和学生沟通思想感情，把微笑留给学生，把激励的话语送给学生，用爱的感觉培养学生。因为教育的目的就是激发生命，教育的秘诀在于唤起学生的兴趣和热情，这样的教育才能取得实效。

良好的教育是什么？在《教育给了我们什么》一文中，肖川列举了西方一位才子做的意味深长的诠释：“把所学的东西都忘了，剩下的就是教育。”这就是说，教育不单单传授给学生知识，更重要的是培养学生的气质、性格、处世方式与行为习惯等。肖川在文中大声疾呼，并不留情面地抨击了制约基础教育改革的瓶颈牺牲了整整一代人的自由和谐的发展。在《教育的理想与信念》这本书中，肖川认为，教育要真正促进人的发展，这是对学生个体生命的价值体现。他还极力强调要减轻学生过重的负担，因为学生需要一种闲适的心境，使他们更快乐地生活。

如今，许多家长和教师还是只关注学生的分数，把学生视为知识的容器，而忽视了学生个体的存在及其生命的价值。于是，学生的学习压力越来越大，在为人处世、身心的健康发展方面令人担忧，这也引发我的思考：我们中国的教育为的是什么？苏联教育家赞科夫指出：

“教学要着眼于学生的一般发展。”我想，我们的教育应该是不要再让学生深陷于作业堆中，不要让学生再失去童年的快乐，应该如奥地利教育家马丁·布贝尔所说的：“名副其实的教育，本质上就是品格教育。”“教会学生思考，对学生来说，是最有价值的本钱。”因为教育的最终目的是使学生成为一个有智慧的人，一个具有良好品行的人。但我也很高兴地看到，目前，关注学生校园生活的质量，让课堂焕发出生命的活力，已然成为中国教育界最具感召力的声音。因为人们已经意识到，教育应该塑造的是具有鲜明个性的活生生的人；教育追求的不是百分之百的升学率，它追求的是每个学生主动、生动、活泼地发展。

关于什么是良好的教育，肖川还这样充满哲理地说：“如果一个人从来没有感受过人性光辉的沐浴，从来没有走进过丰富而美好的精神世界；如果从来没有读到过一本令他（她）激动不已、百读不厌的读物，从来没有苦苦地思索过某一个问题；如果从来没有一个令他（她）乐此不疲、废寝忘食的活动领域，从来没有过一次刻骨铭心的经历和体验；如果从来没有对自然界的多样与和谐产生过深深的敬畏，从来没有对人类创造的灿烂文化发出过由衷的赞叹……那么，他（她）就没有受到过真正的、良好的教育。”这段话生动有力地说明了缺乏体验和感悟的教育，是苍白的、空洞的、缺乏生命活力的教育。

在《教育的理想与信念》一书中，肖川从生命的高度、从人文精神的视点，用感性的笔触表达了他对教育的价值、真义，教育与社会，教育与生活进行的理性思考，正如他自己所言：“我们的时代需要思想，我们的教育需要思想。”《教育的理想与信念》这本书的魅力就在于它引发了我对教育的积极思考，唤醒了我对教育的眷念与期待，使我不再像以前那样，只满足于整日备课、批改作业，而是秉着坚定的教育信念，不断思考素质教育的真正内涵，用崭新的教育理念指导自己的教学工作，并努力培育一种教育的情怀，那就是，学会去关注我们的对象——学生，学会用一颗质朴、纯真的心灵去探索教育的真谛。正如肖川所说的，“探索本身就意味着你有一种开放的心态，你有进取的意识，你是一个好学深思的人，是一个不断超越自我的人，而不是墨守成规、故步自封、得过且过的人”。这不禁令我想到一部美国影片——《修女也疯狂》，影片中的那位修女确实是“疯狂”的，但又是令人尊敬的，她堪称是一位敢于向世俗挑战的新时代的教师。当学生在她新到班级点名时，故意在她的椅子上粘上胶水，称音乐课是“鸟课”……面对学生的种种不理解和刁难时，她用自己的宽容和教学机智，教学生懂得什么是尊重并学会怎样尊重；当学生的表现令她感到沮丧，准备离去，却偶然知道她所任教的学校由于出现财政赤字要关闭的消息之时，为了学生，为了学校的生存，她与其他修女及时组建唱诗班，采取因材施教的教学方法，激发学生演唱的兴趣，终于在比赛中获得特等奖，使总主教公署最终同意保留学校。现在想来，这位修女的“疯狂”正是她对学生的爱和对家长的负责，是对学校发展的关注和对教育的认真思考，是对教育事业的执着与热情。《修女也疯狂》这部影片不正如肖川所言的，教师对教育应有自己的理想与信念吗？新时期的教师需要的就是这样一种对教育的情怀，这样一种对教育的创新与责任。

读罢《教育的理想与信念》一书，在思考之余，我更深切地明白了自己的责任，明白了教师在教育中要树立全新的教育理念，秉着对教育的热爱与对学生的关注，积极把学生的健康和快乐摆在教学的第一位，把知识的传播摆在第二位，努力使学生成为健康、独立、有创造性、有道德的人，成为快乐、爱学、善学、自信的人；教师要有“让学生成为睁眼看世界的人”的胆识和毅力，在课改大潮中与时俱进，解放思想，积极运用研究性、探究性的教学方法，促进学生的发展。只有教师的教学观念、教学策略、教学行为方式转变，才能真正实现教学的全面变革。课改中，教师不仅要进行理念上的更新，更主要的是要进行教学行为、观念、个性的转变，最直接的就是教育艺术、教学方法的转变。教师要学会用眼关注、用心思索、用情启迪，积极创设一种良好的教育情境，积极构建具有生命力的课堂，使课堂充满知识魅力，充满人文关怀，成为教师与学生一起共度的生命历程，从而真正促进学生的发展。教学是一个创造性的过程，教师只有把自己的激情、灵感、知识和经验与课程融会贯通，并与学生进行灵活的课堂交往，把学生的学习情绪和生活经历纳入课堂，创生知识，教学才会有吸引力，学生才能在教师的引导下，更深层次地理解、灵活地运用知识，获得丰富的知识……

《教育的理想与信念》这本书中的篇篇美文，不断启迪着我的思想，伴随着我在教育的沃土上自信地前行。它是我教学生命中的一位良师益友。

三、用激情点燃教育之灯

冬日的一天，我坐在沙发上捧着这厚厚的、砖头似的《乔布斯传》一书，一页一页地翻阅着。我从美国传记作家沃尔特·艾萨克森与苹果公司创始人史蒂夫·乔布斯 40 次会晤后，进行的客观、求实的具体描述中认识到，乔布斯这位 21 世纪给世界带来最深远的影响的人，不愧是计算机界、数字音乐界以及动画电影制作领域的跨界奇才，他推动了整个电子产品界的发展，为人类做出了重大的贡献。

我试图从《乔布斯传》这本书中抓住乔布斯人生的两个转折时期，试图进一步去了解他具有传奇色彩的人生经历。最初，乔布斯和沃兹尼亚克一起合作研究，沃兹尼亚克精通电脑，而乔布斯以他那种追求完美的精神为产品锦上添花——设计外壳，进行演讲、推销，他们的成功合作让他们获得了人生的第一桶金。但在 1985 年，由于乔布斯过于追求完美的精神及特立独行导致他不得不离开了苹果公司。在之后的 12 年里，他又创办了 NeXT 电脑公司和皮斯克电影公司，他和迪士尼公司合作，制作了许多部精彩的动画电影，如《玩具总动员》《海底总动员》等。但是，1997 年，苹果公司濒临破产，乔布斯决定回到苹果公司并拯救它，最终苹果公司又推出了 IMac 电脑，起死回生，并制造出了 Ipod、Iphone、Ipad 这些带动世界计算机界的产品。

从乔布斯人生的这两个重要转折时期，我充分感受到，正是由于他对工作近乎疯狂的热情和追求完美的精神使他获得了巨大的成功！乔布斯有句这样的口头禅：“我是一个来自加州中产阶级家庭的孩子，我的工作是团队中不允许存在平庸之辈，我自有我的道理。”确实，他拥有非凡的创造力和想象力，有着极强的探索精神和对工作近乎疯狂的热情以及追求完美的精神，他还擅长鼓舞周围的人，让同一个团队的伙伴被他的工作热情所感染，从而和他一起去创新出更多的产品。正如苹果公司的“非同凡想”广告中有这么一句：“那些疯狂到以为自己能改变世界的人，才能真正改变世界。”这是对乔布斯的最佳写照。作者沃尔特·艾萨克森在书中这样写道：“乔布斯是诗人与工程师的最佳结合，甚至他的怪癖都是他追求完美主义激情的体现。”乔布斯一生对工作的热情、追求完美的创新精神和改变世界的坚定决心，让我深深感动和震撼。

“热爱你的工作，是成就事业的唯一途径，如果你还未找到，那就继续寻找，不要轻易放弃，你的心、你的直觉将引领你走向梦想。”乔布斯近乎疯狂的举动的真正魅力，正是来源于他在工作中所具有的热情与坚持。从他的身上，我也联想到自己，作为一名普普通通的教育工作者，我深刻地认识到教育是一项伟大的事业，它犹如一盏明灯，照亮孩子人生的道路，甚至照亮世界前进的步伐。教育工作酸甜苦辣五味杂陈，许许多多平凡的教师站在七尺讲台上，常常为工作所累，却依然快乐着，正是因为他们对教育的挚爱，使得他们在面对来自自身以及社会和家庭等不同层面上的各种压力时，依然保持对教育的一腔热情，甘于清苦，甘于寂寞，怀着对教师这一职业的教育情结、教育情怀，始终坚守在教育岗位上，用肩膀扛起民族复兴的重任。也正是因为对教育的挚爱，唤醒了我在教育工作中对教育的眷念与期待，使我不再像以前那样，只满足于整日忙于备课、批改作业了，而是秉着坚定的教育信念，不断思考教育的真正内涵，以“为一切学生，为学生一切，一切为学生”的信条书写着自己的人生价值。在课堂中，我努力用爱与真情的情怀，积极创设心灵与心灵的接纳、情感与情感的交融的幸福课堂，与学生共享课堂的精彩，与学生真诚拥有彼此的心，真正实现用教育的理想来打造理想的教育，用理想的教育来实现教育的理想的人生追求。即使是对后进生，我依然给予他们最大的信任和关怀，不断增强学生成长的内在驱动力，使学生能保持最佳的学习状态，让我所教过的每个学生都满怀希望走进校园，走进我的课堂，然后满载着快乐与收获成长。

乔布斯在工作中所具有的热情与坚持，更引发我对教育的思考。教育以育人为本，新时期的教师也需要这样一种教育的情怀，一种对教育的创新与责任，始终把自己放在教育的前沿，怀着对教育事业的梦想，怀着对教育的激情，在漫漫长路中求索、奉献，促进学生的发展，实现自己的人生价值。教师的教育智慧需要经历一番思考，经历一番积淀，经历一番修炼。教师要用高度的学习热情，在发展专业化的道路上，做一个热爱读书的人，自觉反思自己的教育理念、教育思维方式，在博览群书中，读出教育的知识，读出教育的思想，读出教育人生的感悟，促使自己成为一名有思想的、德艺双馨的教师。教学就是生命与生命的交流，教师要有“让学生成为睁眼看世界的人”的胆识和毅力，带着使命感与责任感，带着对学生的爱，把课堂当作生命的课堂，在学生的热忱期待中，以一种蓬勃向上的心态，一种热烈、执着的情怀，积极投入教学中，不断去发现自己、提高自己，唤醒自身的教育潜能，用激情来点燃教育之灯，让自己始终是课程的创造者、课程的主体，积极改变和创新教学方式和学习方式，让课堂焕发出勃勃生机。教师要不断用崭新的教育理念指导自己的教学工作，并努力培育一种教育的情怀，去关注学生，学会用一颗质朴纯真的心灵去探索教育的真谛，把教育创新作为自己人生的探索目标，用自己的心灵去耕耘，用自己的情怀去教导、去解读学生的心灵需求，提供给学生展现才华的舞台；去热情地赞美，使学生迸发出进取向上的激情，唤醒学生内心成才的愿望和责任感；要给予学生思想上的引导，学习上的有效帮助，引领学生释放童真，放飞心灵，走进知识的殿堂，努力使学生成为健康、独立、创造、有道德的人，成为快乐、爱学、善学、自信的一代新人。

让我们一起用激情点燃教育之灯，照亮孩子人生的道路，照亮世界前进的步伐。

第二节　对话——灵性的汲取

有位教师曾这样说过："好的课堂需要好的教学设计，好的教学设计需要好的创意，好的创意需要好的智慧。"

但凡名师，他们在课堂中所表现出的对美的独特感受入情入境，对文本的体验感悟入情入理，往往是他们自身文化素养的积淀，是他们根据自己对教材的个性理解后，运用教学智慧对教学进行创新设计，最后通过课堂来诠释自己对教学理念的感悟与领会。

教师与教育同行进行灵魂与灵魂的对话，可以在对话过程中感受每位教师的个人魅力，也可以提升自己的教学水平，培养敏锐的教学敏感，让自己从中汲取到"养料"，打造充满灵性、智慧的课堂，在专业成长的道路上走得更稳。

一、走近名师，对话名师

年少时，我也做过不折不扣的追星一族，常把一些港台歌星当作自己的偶像，爱听、爱唱他们的歌，甚至还经常模仿他们的唱法，自娱自乐。走上三尺讲台后，一些名师成了我的偶像：斯霞、于永正、贾志敏、王崧舟、窦桂梅、孙双金……他们的课堂魅力深深感染了我，我也想像他们一样，在讲台上绽放属于自己的光彩。于是，教学之余，我尝试着通过阅读《窦桂梅的阅读课堂》《于永正课堂教学教例与经验》《贾志敏教语文》《听名师讲课》《课堂掌控艺术》等闪烁着名师的教学智慧的专著，让自己走近名师，对话名师。

这些书都来自于实践，针对性强，思想深刻，引领着我更加认真地去思考教育的要义。如华东师范大学出版社推出的《大夏书系小学语文名师课堂》丛书从最切合教师实际需求的角度出发，或以案例，或以课堂实录的形式，展示名师课堂的方方面面。《小学语文名师同课异教实录》精选了10篇课文的同课异教实录，20位名师的精彩课堂得到原生态的呈现；《小学语文名师作文课堂实录》荟萃了20位名师的20堂精彩作文课堂实录，精到的评析与反思帮助我把握名师作文教学的精髓；《小学语文名师课堂深度解析》共收集了王崧舟、窦桂梅、闫学、武凤霞、刘发建、郭初阳等6位名师最具争议的6堂课的课堂实录，并附有或褒或贬的评课文章，其针对性、理论性、建设性对广大一线教师极富启迪。我在阅读这套教育专著的同时，也走进了名师的内心，领略了名家大师的课堂风采，和名师进行了心灵的对话。我翻阅着书中一个又一个精彩的课堂实录，欣赏到了闪烁着名师智慧的教学设计，更窥探到了名师深厚的文化底蕴以及名师深刻独到的文本解读、广阔多变的视野、独具匠心的教学方式，而专家们那理性的思考、深入浅出的剖析以及高瞻远瞩的目光更是令我折服。

我还积极观看了有关名师的教学实录，如王崧舟和窦桂梅老师的教学实录等。回想自己曾经看过的窦老师的几节视频公开课，我被她的教育智慧所深深折服，因为我从她的课中明白了：每一位名师在课堂上都是在用自身的一种专业自觉，在深读教材的基础上，最大限度地开发可以利用的一切课程资源，从而达到自身对教材解读的深度与高度，不断拓展教学内容的广度。我逐渐感悟着名师的教育思想、教育智慧和教育理念，并不断地扩充着自己的教育视野。

名师的课堂中有许多教师对教材的独特见地及独有体验，所以我很珍惜聆听名师上课的机会。在名师的课堂中，我真正关注的不是一堂课，而是整个课程，关注的是新的教学理念。在20世纪90年代，我到上海参加贾志敏老师现场教作文的教学研讨活动，他充满睿智的教学思想和高超的教育水平及教育无痕至今仍历历在目。后来我有幸走进了许多名师的课堂，在与名师面对面后，我感受到了名师鲜明的教学个性与教学风格，于永正老师的童心未泯，孙双金老师的温文儒雅……在听课、评课过程中，我积极进行教学反思，学习当前的课改新动态，指导自己的教学工作，使自身的反思能力得以迅速增长。在教学实践中，我不断思考名师的教学风格，深入领会他们的教学意图，并与自己的教学实践进行对应比照，在不断提高自身的教学反思能力的同时，去认识教学本身的规律，让自己愈加成熟。

在领略了名师的教学风采后，我在教学实践中认真学习名师的成功做法，丰富自己的课堂教学经验，使自己的教学能力得到提升，逐渐建立了“走向生本”的现代教育观和“师生合作学习”的教学观。我凭着一份对教育事业的热爱和执着，在与学生对话时，注意倾听学生的发言，注重教学的生成性，紧密联系学生的生活经验，对课堂灵活地驾驭，对学生的未解之处巧妙引导和启发，以学习伙伴的身份与学生共同探讨，为学生创设了民主、自由、平等、和谐的学习氛围，点燃了学生的思想火花，激发了学生的潜能，与学生一起用心灵去感受，用灵魂去触摸，一起融入那散发着墨香的书中的一行行、一段段，静静地与书中介绍的世界名人对话，与诗中美丽的小花、小草轻轻细语……当我努力唤起了学生内心向上的积极因素时，我也赢得了学生发自内心的尊重与喜爱，班上的学生笑言：“我是林老师的粉丝。”我也为学生的童真感动，为自己拥有童心激动。这是我作为教师最真实的心态。

二、解读名师的学生观

我发现，在有些公开课上当学生的状态并不如教师预期的那样顺畅，甚至出现了学生上课走神、对学习表现出不感兴趣，或是学生课堂发言不踊跃，导致教学气氛沉闷等诸多现象时，任课教师往往会产生这样的疑问：今天学生的学习状态怎么了？学生有这样紧张的状态是不是与有教师听课导致学生课上思维放不开有关？……

其实，学生的学习是否达到最佳状态，学生的学习力是否得到了很大程度的提高，学生在学习中是否体验到愉快和幸福，很多时候取决于教师教学设计的合理性、教学方法的正确运用，取决于教师对学生的评价的激励性，取决于教师的教学语言、教学体态的得体与魅力。

可以这样说，学生的学习状态是教师教学成效的检验剂。真正的课堂应是教师在教学中始终把学生作为学习的主体，把学生的“学”放在第一位，积极创造的富有吸引力、富有情趣理趣的课堂；应是教师与学生、学生与伙伴之间的学习互动十分愉悦、和谐的教学情境；应是学生在课堂上充满自信，始终以饱满的精神状态参与课堂学习，即保持所谓的“小脸通红，小眼发光，小手直举，小嘴常开”的学习状态……

所以，我在听课时，不仅关注教师的课堂呈现，也关注学生的学习状态。同时，在听课时，我还观察作课教师能否在课堂教学中关注学生的学习状态，注意作课教师的教学氛围的创设及激励性的教学评价等；观察作课教师能否注重对学生良好习惯的养成，如坐姿、写姿、与人合作的习惯、认真倾听的习惯等；观察作课教师能否关注学生上课的情绪，积极调控课堂……我在关注学生学习状态的同时，还积极思考作课教师在教学中如何做到从学情出发，使课堂教学活动具有多向性和关注性，怎样做到教学评价的灵动性和有效性。教师能关注这些问题，就能愈加懂得课堂是学生自主学习的实践场所，是属于学生的教学理念。也因此，在教学中，教师就应始终站在学生的角度，以最饱满的教学激情，激活学生的学习状态，调动学生的学习积极性，给学生自由的空间，给学生想象的心灵，使不同程度和不同个性的学生都能在课堂上得到良好习惯的培养与学习力的发展。也只有这样，教师才能创设出高效的课堂，提高教学成效。

我在与名师面对面后，感受到了名师鲜明的教学个性与教学风格，解读了在教师群体中，名师之所以成为名师，不仅仅是因为他们头上熠熠闪光的光环，也不仅仅是因为他们具有深厚的文化底蕴、魅力十足的话语及过人的教育智慧与思想，更重要的是，在他们的心中，教师是学生学习的帮助者、思想的指导者、行为的评价者，学生是教师亲密的朋友、合作的伙伴。在他们眼中，每个孩子都是与众不同的，是具有独立个性、独一无二的人。

在教学中，他们把学生当作一个发展的人，始终坚持对学生成人、成才的关注，秉着对学生的拳拳爱心，既教书，又育人，用心地指导学生做人与做事，使自己的教学散发出独特的教学味道；他们用最有效的激励机制，始终坚持为学生创设有助于成长的情境和氛围，夯实学生的知识基础，提高学生的能力，促使学生主动学习、创造性地学习，把学生的生命潜能激发出来，让学生的学习力得到最大程度的发展。

有人曾经做过关于学生心目中的好教师的调查。调查结果表明，学生将“老师能成为我们的朋友”列为心目中好教师的首要条件。有的学生说：“老师教得好得50分，老师把我们当朋友，再得50分，这就是我们对好老师的期盼。”可见，学生渴望教师对他们尊重与关爱。

这些名师之所以让学生亲近，之所以使课堂充满魅力、令人折服，其奥秘就在于他们把学生当成自己可信赖的朋友。在名师的课堂上，教师不单纯是给学生传授知识的人，既为师，又为友；在名师的课堂上，教师创设了良好的师生关系与宽松、和谐、愉快的课堂教学气氛，建立起了师生相互尊重与信任的桥梁，引领着学生走进课堂，感受快乐。于永正老师曾这样说过，教师要做到目中有人——眼睛看的是学生，耳朵听的是学生的声音。课堂的生命不在教案，而在于学生表现的瞬间。要鼓励学生，把优点放大。

名师都具有亲和力，因为他们明白，课堂是学生和教师的一段生活，是共同的一段生命历程。作为教师，要善待学生，理解学生的需求；要懂得赏识学生，通过设置生动的教学情境，启迪学生的心智，喷发学生的情感，不断构建和谐的师生关系，让课堂“活”起来。于是，沐浴在充满生机、洒满阳光的学习生活中的学生的学习潜能得以充分开发，良好个性得以充分发展，从而更自信地走向成功。

当你走进名师的课堂，你会被他们真诚与幽默的教学语言所深深打动，会被他们创设的宽松、和谐的课堂氛围所深深吸引，你会深深地感受到名师始终把学生放在心上。他们用幽默的话语吸引学生：课前的沟通，虽然与学生只有一面之缘、一面之交，但名师却会和学生幽默地说：“你缺金，我是双金。”“你叫伟凡，我觉得你的伟大出自平凡。”……课上的交流，名师善于倾听童声，尤其对那些较为内向的学生或对自己缺乏自信而没有积极参与课堂学习的学生，他们总会这样轻轻地说：“老师觉得你讲错了更要表扬。”“老师要给还没有发言的同学展示自己的机会。”……于是，每个学生都有了展示自我的机会，潜能被不断发现、唤醒。

就因为名师的世界里拥有了颗颗鲜活的童心与爱心，他们总是细心地去呵护颗颗美丽的童心，去耐心地包容学生的缺点和错误。学生幼小的心灵沐浴着春风和细雨，枯燥的学习生活令他们神往，也由此真切地感受到教师的爱。于是，名师就这样悄然走进了童心，难怪学生都由衷地说：“老师，我觉得您不是老师，而是我的朋友!”难怪学生在课后对于永正老师评价到：“老师，您的作文课真是有声有色。”……于是，年轻的名师和学生成了朋友，年老的名师和学生成了忘年交。

名师深深地意识到，教师要想赢得学生发自内心的尊重，教师首先就要尊重学生。尊重是一种师德修养，尊重也是一种人文素质。在名师的课上，名师正是用自己的人格魅力获得了学生的尊重与喜爱，唤起了学生内心向上的积极因素。

名师同样认识到，在教学中，教师走进文本是带着成人的眼光走进的，学生是教材的读者，每个学生对教材的解读由于生活经验不同，对教材理解的深度也是不一样的。名师在教学中尊重学生的阅读体验，尊重学生的内心体验，懂得学生内心的需求。他们善于启发学生智慧，当学生敢于对书本或是教师的教学提出自己的独特见解时，教师惊呼：“你真是我的老师呀!”当学生敢于对教师书写存在的不足提出自己不同的看法时，教师叹道：“你真是我的老师。”或是感慨道：“这真是‘三人行，必有我师’呀!”……这样，教师把学生当作自己的老师，敢于在学生面前承认自己知识的浅薄，承认学生的高明，如此的谦逊、好学，不但不会损毁教师在学生心中的形象，反而能赢得学生的尊重，进一步激发学生好思、善问、求疑、探究。

名师的榜样无非如此。

名师在教学中建立了“学生具有内在的主体能力”的现代教育观

和“师生合作学习”的教学观。在教学中，他们明白，教师是学生学习的组织者、引导者和促进者，更是学生的学习伙伴；教学不仅仅是学生的需求，也是教师与学生之间互相学习、共同成长的互动过程；在课堂学习中，学生和教师是一个共同体，师生之间要坦诚相见，共同学习、共同提高、共同促进。

一句话，名师在教学中始终以学生的发展为本，以自己的语言魅力和人格魅力带着学生走进知识的殿堂，将课堂建设成为学生的家园和乐园，让自己的教学生命更精彩。

这就是名师之所以成为名师的原因所在。

三、与教育同行的对话

课改以来，我参加了各级各类的教学公开课，从名师的课堂中，深刻地感受到名师对教材的独特见解及独有体验，也逐渐感悟到名师的教育思想、教育智慧和教育理念，从而扩充了自己的教育视野。而从教育同行的课堂中，我深切地认识到，只有积极借助听他人之课，与教育同伴进行心灵的对话，才能促使自己结合对课程标准的解读，结合教学实践，积极思考教学的独特之处，最终在教学实践中不断提升自己的素养。

我认为，教师在听课中不仅要关注作课教师在这堂课中教学理念的不同呈现、教学风格的不同展示，更重要的是，要善于从作课教师直观的、外显的课堂教学呈现中，与其教学理念进行碰撞，在思考中真正领会其教学理念；要关注学生个体在课堂上的学习状态，看学生能否在教师的引领下，带着自己的观点、解读走进课堂，逐渐成为一个成熟的、独立的、自主的学习者；要不断地激活自己的思维，把作课教师的课与自己的教学实践进行比照思考，在思考中认识教学本身的规律，不断提升自我的教学水平，积极打造高效课堂。

每位教师由于自身素养的不同，在解读教材、驾驭课堂、了解学情等方面也各有不同。在听课中，教师要从作课教师课堂呈现的方式以及教学效果等方面思课。

从宏观上认真思考：作课教师是否根据课程标准进行教学设计？对课程标准中各学段要求是否能正确把握？是否对文本内涵及文本在单元教材中的地位与作用能正确理解？是否对作者的写作脉络与情感线索把握准确？是否做到了以学生为主体，积极挖掘教材的能力生长点，并采取行之有效的教学手段？是否对学生的学习程度、学习需要进行了准确分析？……

从微观上认真思考：在这节课的教学设计中，教学着眼点是什么？教学目标是否明确？教学结构是否张弛有度？是否努力通过这节课的教学，使学生获得了向善、向上的情感体验和心灵感悟，促进了学生的思维发展和精神成长？……

听课，可以让教师在他人的教学中做到思中有悟，即领悟课程标准的要求，领悟现代教育所倡导的“走向生本，追求高效的课堂教学”的理念，同时在思考中促使自己更主动地自我充电，通过阅读最新的专业书籍，了解教育前沿的最新动态，最终在思课中促进自我课堂教学的鲜活灵动，使得自己的课堂教学达到如著名教师孙双金所说的，课上得“有滋有味、有情有趣、有声有色”。

教师学习了教学理念后，重要的是在自己的教学实践中不断去内化。作为一个成熟的教师，感悟、内化在于思考。在听课中，教师要善于思考他人的教学，深入领会作课教师的教学意图，并与自己的教学实践进行对应比照，在不断提高自身的教学反思能力的同时，认识教学本身的规律。在此过程中，教师要紧紧抓住课堂教学所呈现出来的关键问题进行分析，然后博采众长，把他人精华的东西融入自己的课堂设想中，以提升自我的教学水平，这就是听课、思课后教学能力的提升。

如听《草船借箭》一课，一位教研员在点评时这样说道：“我听了这节课，就想到要简简单单教语文这个问题。”接着，他诚恳地指出，每位教师在听课时都要认真思考，除了思考这节课的优缺点外，还可以思考，教师对教材进行深挖掘时，是否意识到教材只是资源？如何挖掘它？还有没有其他思路去上这节课？这位教研员还畅谈了自己在听课时的思考：作课教师是否可以放弃以往抓中心词“神机妙算”进行教学的做法，从走进人物心理方面入手，做得更到位些，达到“简简单单教语文”的教学目的？如可以引导学生从“文本中诸葛亮、周瑜、鲁肃、曹操四个人在草船借箭后，心情怎么样”这个问题入手，思考为什么诸葛亮在取箭前后很高兴，是从课文的哪些地方体现出来的。这样，学生就会带着问题自主感悟文本：第三天的漫天大雾，诸葛亮高兴是因为天助我也；看到曹操让弓箭手放箭，诸葛亮高兴是因为生性多疑的曹操被他牵着鼻子走；当小船受箭向一边倾斜时，诸葛亮高兴是因为小船受箭很多；船回来时顺风顺水，诸葛亮高兴是因为取箭顺利等。教研员用自己的亲身体会指导所有教师在听课中、在思课中成长，一席话让所有的听课教师受益匪浅。

一位教师执教《纪昌学射》一课，对文本进行了两处拓展，第一处是围绕“纪昌学射时，躺在妻子的织布机下，盯着织布机”这个细节进行拓展，引导学生想象纪昌在炎热的夏天、寒冷的冬天躺在织布机下和面对母亲、妻子、邻居的劝说、嘲笑时，是怎么做、怎么说的，体会纪昌的永不放弃。第二处是抓住“纪昌站在虱子旁，聚精会神地盯着它”这个内容引导学生进行当场练写，交流体会。听课时，我边听边思考：在文本中，作者列子对纪昌“盯住目标不眨眼”“把极小的看成很大的”勤学苦练的描述非常具体，但显然这是采取了夸张的手法，将故事的细节夸大得难以想象，有些近乎神话了。教学这篇寓言故事，到底其重点是什么？应围绕哪个重点进行训练？教师是否有必要抓住文中的夸张内容再进行拓展？这样的做法对学生理解寓言的意义有什么具体的帮助？我认为，本课是寓言故事，需要教师从寓言类文本的特点入手，引导学生重点感悟文本中的两个人物形象——纪昌和飞卫。因此，教学本课首先要确立两个方面的教学目标：（1）角色朗读，抓住文中飞卫的语言，理解飞卫两次要求纪昌练眼力时是怎么循循善诱地教导纪昌的。（2）细读文本，理解纪昌是怎么练习眼力的，是怎么想的。教学中，可采取这样的教学环节：仔细观察画面，想象人物的想法；深入到文本中，抓住重点词句，细细咀嚼；进行朗读指导，进一步走进人物内心；联系实际，畅谈理解、体会。通过这样的环节引导学生理解纪昌学射时的毅力和恒心，体会到学习任何本领都要勤学苦练，才能取得成绩的道理。由此，我也追问到教师该如何用好教材的问题。如寓言类课文该如何教？寓言类课文的价值到底是侧重文本内容的理解，还是侧重语言表达形式的训练？这就要求教师在寓言类课文教学中要制订更准确的教学目标，通过合理的教学手段，引导学生结合自己或他人的实际感悟、体会，然后内化对寓意的理解。

这样，教师在听课与思课中，培养了教学敏感度，对教学本身的规律就能有所感悟、有所提高，教师自身势必在专业成长的道路上走得更稳。

第三节　培训——前行的动力

培训就是为教师的专业成长搭建平台，让教师能在这个平台上不断学习最新的专业知识，了解教育前沿的最新动态，积极树立现代教育所倡导的“走向生本，追求高效的课堂教学”的理念，明白自己肩负的职责与使命，促使自己成长。

可以这样说，培训是教师专业成长和专业发展的加油站，它让教师能更加自信地站在三尺讲台上，做最好的自己！

一、培训是展翅的双翼

2002 年，中国教育部师范教育司（现更名为教师工作司）推选北京师范大学、南京师范大学等九所师范大学参与首批基础教育新课程省级骨干培训者国家级培训，作为一名年轻教师，我有幸参加了这样的一个盛会。这次培训，基于教师的自身需求，直面新的教育形势的需要，把提升教师的教学理念作为培训的着眼点，以培养教师的创新意识和创新能力为切入点，把提高教师的教学能力作为培训的关键点，没有大而空的话题，没有呆板而陈旧的形式，取而代之的是小而实、活而新的形式，让参与培训的教师与专家面对面，吸纳国内外的优秀教育理念。在听了实验教材的介绍，看了有关的教学录像后，教师们在共同体验参与式培训中积极参与、认真探讨、更新理念、提高认识……真是形式新，成效大。

四月的北京柳絮飘飞，四月的北京给我带来一股清新扑面的教育理念，一种全新的感受。置身在朴实、庄严的北京师范大学学术大厅，我感受到浓浓的学术氛围，愈觉此次培训的神圣。在本次培训中，我们所有参加培训的教师先在北京师范大学英东学术会堂演讲厅进行课程改革通识培训。在分科学习中，我们语文学科的教师聆听了“课程管理改革，课程评价改革”“信息技术在小学语文教学中的运用”“课程标准与新教材”“儿童的汉语认知与语文教学”“课程改革实验区的教师与教学”等讲座，听了有关人教版、北师大版、苏教版三套实验教材的介绍，看了有关的教学录像。如今，我的脑海中还时常忆起崔峦老师在解读语文课程标准时那掷地有声的话语：“本次课改，将使语文开创新生命。”“小学领导应把语文放在核心地位，因为语文肩负着很重要的责任。”“作为新课程的实践者，教师在教学中应努力建设开放而有活力的语文课程，与学生商量着一起走，避免一言堂。”……

在北京十月大厦里，我们进行了“我们与新课程——教师的角色”的研讨。参与培训的教师来自全国各个不同的省市，在讨论时，培训者把我们按来源地分为南方一族、天山雪莲、嵩山少林寺、辽沈战役等讨论小组，让每组以“我与新课程”为题想一句话。会场上，教师们激情满怀，墙上张贴的白纸上赫然写着：“我们与新课程昨天相远，今天相近，明天相伴。我们将与新课程风雨同舟，共同成长；将乘着新课程的航船，驶向理想的彼岸……”在互动中，教师们敞亮心胸，畅谈感受，更坚定了与新课程同成长的信念，收获不言而喻。

此次培训，采取了参与、研讨和集中培训相结合的方式，使我体验到了参与式学习的乐趣，使我真正了解了合作学习的意义所在，让我耳目一新，受益颇深。北京师范大学的易进老师主持了关于“小学语文教学可以利用哪些课程资源”的讨论。讨论前，易进老师采取了异质分组的形式。讨论时，易进老师先讲解了规则：每个教师可以畅谈对小学语文课程资源的理解，参与者不对其他成员的发言做评价；一个成员发言时，其他成员保持安静，仔细倾听；每组安排一位记录员，记下所有成员的发言要点。最后，又进行了集体总结和交流。通过组内大讨论，我进一步明确了小学语文课程资源的来源和分类。课程资源的来源分为校内资源和校外资源，校内资源包括教材、教师、学生、校园和其他学校经验；校外资源包括家庭、公共文化、教育机构、互联网络、社区环境、大众传媒等。课程资源可分为显性课程资源和隐性课程资源，不同地区还有不同的课程资源优势。

这次分组培训，易进老师以分析案例代替讲座，让教师们能仁者见仁，智者见智，共同成长。培训时，以小组为单位，每组分别从《基础教育课程改革通识培训丛书》中的相关案例中选择一例进行分析，如《新课程的理念与创新》中的“小学生在做课题研究”，我们分析了该案例利用了哪些课程资源、使用了哪些方法、对我们的教学有什么启示以及与之相关的困难或问题。紧接着，进一步讨论了课程资源利用的价值取向问题，还就“新课程与语文教学评价改革中的考试改革可以旧瓶装新酒吗”“档案袋评定做法的探索”等教育改革的热点问题展开积极的讨论，并邀请实验区教师回答教师的提问。教师们在活动中谈收获与困惑，谈解决问题的策略，我听到了许多来自一线教师的声音，感触良多，收获颇丰。

这种参与、研讨和集中培训相结合的培训方式，使我意识到课改的重要性，更新了教育理念，树立了科学的教师观和学生观，更加明确了课改与我、我与课程之间的密不可分的关系，促使我深刻地思考课改赋予自己的沉甸甸的责任：时代需要教师与课改同行。“隔岸观火”无法体会其中的乐趣，只有身临其境才会觉得美妙无穷。于是，在努力“揭开课改的神秘面纱，见到其庐山真面目”的同时，我也有所顿悟：在新与旧的不断碰撞中，在课改的汹涌浪潮中，作为年轻教师的我，应解放思想，与时俱进，满怀豪情地投身其中，做一名改革的勇者，大胆直面课改中遇到的难题、产生的困惑，在素质教育的土壤孕育中吐苗、成长，实现自身价值。

我真心感谢这次的培训。它，唤醒了年轻的我心中对教育的眷念与期待，为我的专业成长创建了一个发展的平台；它，提供给我展翅的双翼，使我在新课程下，带着教育的理想与信念，大踏步走进充满生机和活力的课堂，为学生的生命奠基，成功地迈向课改征程。

二、培训是成长的源泉

作为一名年轻的教师，应在课改大潮中与时俱进，解放思想，明白自己身上所肩负的责任，在素质教育的土壤孕育中吐苗、成长，实现自身的社会价值。

2003 年 8 月，为期 40 天的北京之行，是我教师生涯中又一次难忘的记忆。在这个美好的日子里，我有幸与专家面对面，吸纳国内外的许多教育理念，并与市里的教学同行互相交流，一起研读新课标，荡涤旧观念，进行了一场“头脑风暴”，使自身的教育理念得到再认识、再理解、再提升。学习虽然结束了，可我耳边依旧回荡着全国优秀班主任金熙寅所说的“在教书育人时要用三件宝——爱、严、恒”。话语是平凡普通的，却折射出为人师的思想之光。从他身上，我看到具有高尚人格的教师典范，领略了他丰厚的精神世界。金熙寅老师在杏坛辛勤耕耘，将满腔的爱倾注到自己所从事的、所热爱的教育事业中，他不仅是经师，更是人师。他更多的是关注学生的生命观，把学生的健康和快乐摆在教学的第一位，把知识的传播摆在第二位，努力使学生成为健康、独立、有创造力、有道德的人，成为快乐、爱学、善学、自信的一代新人。从他身上我寻找到了“如何当一位好老师”的答案。正如郑日昌教授在讲座中所说的：“教师对学生要以真诚换真诚，注重情感的沟通，无条件地积极关注。”唯有具有热情、民主、幽默、爱心、包容心的品质，时时将学生的安全摆在首位的教师才能赢得家长的信任、学生的尊敬。

这次培训引发我重新审视对教师角色的定位。我愈加懂得，在课改的今日，一名真正优秀的教师要努力成为具有前瞻意识的科研型、艺术型教师。因为教师不是孤立于课程之外的，是课程的创造者、课程的主体；教学是忠实地实施课程计划的过程，更是课程创生开发的过程。而要达到这样的水平，就要树立“当先生，先要当学生；要教好，先要学好；要会教，先要会学”的思想，努力朝教师专业化发展，这也将成为我今后专业发展的核心。我暗下决心：要努力提高自己的专业知识素养和教育理论素养，并进行理论的提升、完善；不但具有丰富的书本知识、社会实践知识、教学知识、心理学知识、思维学知识等，还要积极从自身教学实际出发，求真务实，在与同行的合作中，开展科研活动，以科研促教学，实现“教学经验＋教学反思＝职业发展”，让自己的教师生活变得快乐、变得轻松、变得更有意义。

通过参加培训、听讲座，我进一步明白了课改的重要性及其现状。当我了解到基础教育课程改革的背景及宏伟蓝图后，我的心潮激荡着，内心的激动无法用言语表达。我了解到，我国的基础教育课程改革经历了一个长期的、发展的过程，自 1999 年开始，为了改变我国教育存在的弊端，教育部又进行了基础教育第八次课程改革。这次课程改革从重视精英教育走向重视大众教育，旨在培养更适应社会发展所需的人才。

在这次培训中，我还接触了许多新的教育理论，其中关于现代素质教育的两大理论支撑，即多元智能理论和建构主义理论对我的教育思想的冲击最大。由美国哈佛大学霍华德·加德纳教授通过多年对心理学、生理学、教育学、艺术教育的研究提出的多元智能理论说明了人类思维和认识世界的方式是多元的，每一种智能在人类认识世界和改造世界的过程中都发挥着重大的作用，人的潜在素质可以利用教育的形式开发出来并转化为现实的素质，即“有教无类”“育才无格”。它促使我反思自己的教育行为，并对重视共性教育、忽视个性化教育，导致培养的人才缺乏创新意识和创造精神进行了思考，对多用几把尺子来评价学生的发展有了更深刻的认识。我告诉自己，在今后的教育教学中，我要走科学育人的道路，培养科学的学生观，了解学生的真正需要，积极建立一个温暖的、充满生命活力的课堂，让学生的心灵舒展；要相信每个学生都是独特的，都是有潜力的，都是最好的，要用发展的、肯定的、差异性的眼光看待个性鲜明的学生，从行为与学习障碍方面对学生进行科学的分析和有实效性的帮助；既严于待生，又注意适时的激励，批评时就事论事，不轻易断言学生行不行；要重视对学生的个性教育，重视每一个学生的成长，尤其对后进生，更要给予他们信任和关怀，不断增强学生成长的内在驱动力，使学生始终保持在最佳的学习状态，让每个学生都满怀希望走进校园，高高兴兴地离开校园。

杜威的经验学习理论、皮亚杰的结构观和构建观、维果茨基的知识构建的社会性与“最近发展区”以及布鲁纳的发现学习法等理论，帮助我建立了这样的观点：学习是一个积极主动构建的过程，学习者不是被动地接受外在信息的记录者，而是通过驱动自己学习的动力，积极、主动地构建知识的；每一个学习者对事物意义的构建因个人经验、知识的不同而不同；对学习有困难的学生，教师要让他们享受到“跳一跳摘到果子”的成功体验，使他们得到自由的发展。

有调查表明，学生学习效果的差异可归因于实施过程的差异，其差异度可达到35%。作为课程方案的实施者——教师是变革课程实施的主体，因此，只有当教师的教学观念、教学策略、教学行为发生转变，才能真正实现教学的全面变革。课改中，教师不仅要进行理念上的更新，更主要的是在教学行为上、观念上、个性上的转变，最直接的就是教育艺术、教学方法的转变。教育创新应以育人为本，改变和创新教学方式和学习方式，在更新教学观念、构建新的教学策略上，我通过培训获得了以下几点认识。

首先，课堂教学是师生、生生的交互活动。课改的成败在课堂教学。构建互动的师生关系、教学关系是教学改革的首要任务。在教学中，要建立“师生学习共同体”的观念，即教学过程是师生交往、共同发展的互动过程。教学是教与学的统一，它的实质是交往。教学是一个创造性的过程，教师只有把自己的激情、灵感、知识和经验与课程融会贯通，并与学生进行灵活的课堂交往，把学生的学习情绪和生活经验纳入课堂，创生知识，教学才会有吸引力。学生在课堂上不应是被动地听讲，而应该有思想的碰撞、思维的参与、情感的投入，能在教师的引导下，更深层次地理解、运用知识。

其次，要关注学生的学习体验，构建适合学生的教学模式，有效增进学生的发展。在教学过程中，教师要树立“课堂小天地，天地大课堂”的思想，不能把学生局限于狭小的课堂，局限于薄薄的书本。学生的体验都具有亲历性，学生要带着自己的知识、经验、思考、灵感、兴趣参与课堂活动，课堂教学才会呈现丰富性、多变性和复杂性。只有这样，学生才会喜欢上语文课，才会拥有良好的心态，进行高质量的学习。

再次，学习方式的变革是本次课改的显著特征。学习方式有两个方面的基本要求：学习活动化，要求教师在课堂上优化活动过程，让学生在活动过程中获得充分的体验，提高各项能力；学习探究化，即学习从单纯的接受式学习向探究式学习转变，要求教师在教学过程中注重培养学生的独立性和自主性，引导学生质疑、调查、探究，在实践中学习，使学生的学习成为教师指导下的主动的、富有个性的活动，使学习更多地成为学生发现问题、提出问题、解决问题的过程。教师不仅要变革教学策略，还要采用尝试教学、问题教学、分层教学等方式，采用有效的学习策略，促进学生学习方式的变革，让学生在多样化的学习方式中建立广阔的智力背景。其中需要指出的是，有意义的学习包含有意义的接受式学习和有意义的发现式学习，与机械的接受式学习和机械的发现式学习是相对立的。主动参与的接受式学习和主动参与的探究式学习是与被动的参与学习相排斥的。但从接受式学习到探究式学习，这两者之间是相互依存的，我们不能因为要进行探究式学习，而否认有意义的接受式学习，它在一定的教学内容上是起着积极的作用的。在教学中，探究式学习方式并不是要完全摒弃以往的接受式的学习方式，而是要求教师在教学中尝试对教材进行延伸、修改、重组、再创造，积极设计富有挑战性的教学任务，促使学生在更高的水平上理解，使学生对每一个学习主题都有整体的认识，能够迁移并发现、提出更为复杂的问题，产生进一步探究的愿望，引导学生有条理、有根据、批判性地思考问题，引领学生到广阔的学习天地中去获取新知。

最后，新课程倡导的是发展性评价，核心是注重对过程的评价。发展性评价的目标是促进学生的发展，关注人的发展，力求做到评价主体多元化、评价结果效益化、评价方式动态化与多样性、评价内容多元化。发展性评价的作用是诊断学习需求、设计教学，揭示发展成就、激励学生，引导学生自主学习、自主发展。评价的多元化让评价成为师生对话的过程。教师要重视过程性评价，努力提高学生的学习兴趣，提高学生的学习参与度和积极的情感，引导学生经常审视课堂、了解知识的掌握程度，在同伴评价和自我评价中提高学习能力。在引导学生反思时，主要从学习态度的确立、学习能力的提高、良好习惯的培养、学习方法的积累等方面进行。反思有利于学生及时调整自己的学习态度、学习行为，学会监控自己的学习，真正成为学习的小主人。

虽然培训结束了，但给我留下的思考是无穷延伸的。阎光才教授在讲座中讲到的美英教育改革的历史轨迹与当代发展趋势，更促使我从发达国家的教育课程改革中懂得，中国要实现从人口大国向人力资源大国的转变，其根本还是要依靠教育事业的发达兴旺。我国要把知识转化为巨大的财富，不仅需要创新知识的能力，而且需要培养具有实践能力的高素质的社会群体。在课改中，教师不仅要有全新的教育理念，还要会运用研究性、探究性学习的教学模式，要有“让学生成为睁眼看世界的人”的胆识和毅力。

三、培训是成长的加油站

培训，有时犹如一场及时雨，能为参与培训的学员送去宝贵的专业理论的滋养，为学员创造学习提升的机会、理论与实践相结合的平台，通过彼此交流、彼此学习，获得成长。

在2012年5月，我参加了厦门市德育主任培训，并作为一名学员代表在会上发言，我感到无比荣幸，也深深感到肩上担负的责任。我由此想到：学校教育，德育为先。在全面深化课程改革，大力加强学校文化建设的今天，作为学校的德育主任，是学校教学和德育工作的组织者、实施者和指导者，自己身上的责任重大，工作充满挑战，而高品质的德育需要创新的观念和思路来引领。时不待我，只争朝夕，我只有不断地去学习、去探索、去实践，才能更好地适应工作，才能跟上时代的步伐，才能在德育工作领域不断有所创新，也才能切实提高学校德育工作水平，促进学生的全面发展。

此次培训，邀请了北京的教育专家，安排了丰富的培训内容，涵盖了德育工作的方方面面，内容丰富、针对性强、方式灵活多样，既有专家的精彩讲座、理论研讨，又有教育考察活动，旨在通过学习教学改革、学校管理、教师专业成长、心理健康、教育科研等几个模块的基础理论，让学员在理论研讨、案例剖析、名家交流等活动中亲历素质教育，在参观考察中，学习他校教育工作的经验，学习对教育现象进行进一步的分析，不断提高自身的德育敏感度。这样的培训活动虽然只有两周，但对我们每位学员的教育工作的影响是一辈子的，它必将推动和促进学校德育工作上一个新台阶。为了切实提高自身的德育科研水平，为了不断更新德育理念、开拓管理视野、提升科研能力、提高业务水平、优化育人方法，大家走到一起。在这为期两周的培训中，我的首要任务就是认真学习，提高素质，以优异的成绩完成培训，为今后在工作岗位上履行职责做好准备。

在本次培训中，我静下心来学理论，聆听了很多大师的讲座，其中，有专家在谈到教师专业发展中应具备什么样的素质结构时特别强调了教师在教育教学中的沟通能力，并特别指出，小学教师需要具备有关小学生发展的知识，要了解处于小学阶段的学生的好奇心重、活泼好动、注意力不持久、可塑性强、易反复等特点；要读懂学生的心理需求，要因材施教，因人而异；要善于放大学生的闪光点，通过多元评价方法，促进学生的发展；要注重换位思考，打开学生的心扉，与学生进行心与心的沟通，情与情的交流。同时，我联系自己的本职工作，加强理论与实践的结合，加强横向交流，把握交流共享、智慧提升的契机，通过按时完成每天一得的作业及与同伴之间的交流、互动，见贤思齐，取长补短，与全体学员共同提高。我重新审视自己所从事的教育教学工作，重新认识和思考自己所在岗位的职责和使命，在思考中不断成长，在思考中不断提升。比如，我在听了专家的讲座后，从巧妙应对不由联想到自己在开展德育工作时，需要“绕个弯”。面对顽劣的学生，要把自己也变成学生，注重换位思考，站在学生的角度，认真分析其顽劣的原因，读懂他们成长的需要，积极采取“曲线救国”的方式，极力避免与其“正面交锋”，逐步走进学生的心灵，与学生进行心与心的沟通，情与情的交流；也可以借助别人的力量“搭桥”，给学生一定的时间反思自己的不足，或是提供给学生一定的平台展示自我，树立其自信心，激发其积极向上的内在驱动力，这样的教育才会触及学生心灵。

这两周的培训，是我专业成长中的加油站，它鼓舞着我不断思考，不断进步，促使我注重自身的发展，加强学习、加强研究、更新思想、转变观念，在思考中不断积累管理经验，在实践中不断提高自己的理论水平和管理育人的能力，从德育工作走向德育研究，以适应新的教育发展形势，成长为一名富有教育激情、敢于开拓创新的管理者，为进一步提高德育工作的实效性，打造德育特色学校，更好地为学生和学校的发展服务奠定坚实的基础。

四、培训中的思考感悟

2010年，我作为一名学科带头人培养对象，到南京师范大学参加了培训。参加培训之前，我一直在思考：如何才能使自己成为一个名副其实的厦门市语文学科的带头人、“领头雁”？这次培训，让我有幸与成尚荣、王兰、刘永和、周益民、刘红等教育界的名师面对面，我深深地被他们忠诚于教育事业的精神、谦逊平和的人生态度以及广博的文化素养所折服，在聆听他们对教育的诠释后，我明白了学科带头人不应该仅仅是一种荣誉，它更意味着一种压力、一种责任；作为一名学科带头人，要积极树立责任意识、奉献意识和引领意识。

作为学科带头人，我要时刻提醒自己树立责任意识，即要在专业成长中不断提升自我，超越自我。正如沈曙虹老师所说的，教师专业成长要达到既有教学之“技”、教学之“艺”，更要有教学之“道”的三重境界，那是一种执着追求学术的精神。

作为学科带头人，我要时刻鞭策自己把探求语文教学的教育真谛作为自己的责任，在平时的教学中克服懈怠的情绪，增强问题意识，凭着一股钻劲，正确处理好工作与科研之间的矛盾，多读教育理论书籍，积极用教育教学理论来指导自己的教学，把常态课当作公开课来研究，把课堂当作教育科研的观察室和研究室，认真思考自己教学中的失败与成功之处，努力打造高效课堂，促进学生的成长。我还要认真寻找教学中的规律，思考如何达成教学日标，让教学产生更大的魅力，在反思中不断发展、完善自己。我也要要求自己多看名师的录像课，至少每年在相关刊物上发表一篇论文，至少每年在较大范围内上一节示范课或观摩课，使自己在语文教学中真正成为教育科研的主体，形成自己的教育教学特色，在学校乃至厦门市的教学改革中，产生一定的影响力。

学科带头人的奉献意识体现在能始终坚持“学为人师，行为世范，为人师表，教书育人”的教育准则，坚守住教育，用心去爱教育事业，爱每个学生，让自己真正成为学生走向正确人生道路的引领人，去享受教育带给自己的幸福。

正如著名特级教师王兰所说：“有一颗热爱学生的心，是当好一个教师的前提。”也就是说，作为学科带头人，不应该仅仅是学科领域的教学、科研能手，更应具有高尚的职业道德和职业品质，是师德的楷模。我觉得，一个有德行的学科带头人，首先应是一个热爱教育事业的人，在教育这条路上，要比普通教师多一份爱，这份爱就是能用自己的无私奉献精神，耐得住寂寞，耐得住清贫，静下心来教好书、育好人，以智慧点燃智慧，用心灵滋养心灵，用成长引领成长；其次，还应有颗不老的童心，懂得爱学生，而且这种爱是发自内心的，是最为纯真无瑕的，不带任何功利，体现在教师能用宽容的心原谅学生的过失，耐心期待学生的每一点进步。

学科带头人除了具有责任意识、奉献意识外，还要树立引领意识。作为学科带头人培养对象的我，是在学校领导的关心帮助、同伴的互助和自我的努力中不断成长起来的，我知道，在自身得到专业成长的同时，更应注重发挥自身的辐射作用，用自身较强的专业能力和较高的教学水平，积极推动学校教师队伍的发展，为构建一支具有凝聚力和战斗力的教师梯队奉献自己的心力，实现双赢发展的目标。

因此，在今后的教育教学中，我要积极了解课改的发展趋势，掌握课改的进程，积极探索和总结课改经验；我要积极主持或承担教育科研课题，在学校的专业建设方面发挥核心作用。如我校现在正承担着福建省特级教师协会的规划课题“培养小学生语文能力的探究”子课题“赏析重点词句的创新型教学模式探究”的研究，我已在厦门市课题实验校交流会上进行了课题的中期汇报，如今，本课题的结题成果展示活动和结题鉴定任务虽然艰巨，但我要充分发挥自身的作用，做好课题结题活动，借课题研究这个平台，创设更加多样的发展空间，让年轻教师展示自我，使课题研究最终取得促进年轻教师成长的目的。在学校举行的“二级导师制工作小组”师训模式中，身为二级导师，我要通过上示范课、听课、评课、开讲座等方式，认真带好初级导师，让自己能在校本培训这个平台上，在语文这一学科领域内起到带头人的作用，真正发挥一名学科带头人的引领作用，使自己无愧于这个光荣的称号。

第三章 师爱，是一种实践

教师教育智慧的生长要经历一番思考，经历一番积淀，更要经历一番修炼。教师要带着一种使命感与责任感，在专业化发展道路上，在对教学本质的探寻中，发现问题、解决问题，并自觉反思自己的教育理念、教育思维方式，思考教学的本质与规律，在学习中积淀教学智慧，在实践中提升教学质量，在不断地反思与实践中成长为一名有丰富教学经验的教师。

巴尔扎克说："一个能思想的人，才真是一个力量无边的人。"

教师教育智慧的生长要经历一番思考，经历一番积淀，更要经历一番修炼。教师要带着一种使命感与责任感，在专业化发展道路上，在对教学本质的探寻中，不断发现问题、解决问题，与文本对话，解读文本内涵；在探寻中抓住课堂中不经意的细节，自觉反思自己的教育理念、教育思维方式，思索教学的本质与规律，在学习中积淀教学智慧，在实践中提升教学质量，在不断地教学反思与实践中成长为一名有丰富教学经验的教师。

第一节　打磨——实践的磨砺

窦桂梅老师曾说过："课堂是一个值得我们好好经营的地方，是我们人生修炼的道场，我们每天行走于课堂，也应该'赢在课堂'。赢在课堂，就是赢得人生。"

课堂是学生自主学习的实践场所。教师要打磨课堂，享受创造的快乐。在课堂上，教师要教给学生真实的知识，教会学生欣赏艺术的美好，并拥有健康的心理。教师要认真打磨课堂，逐渐形成自己的教学风格。在课堂学习中，教师要把自己和学生看作一个共同体，师生之间要坦诚相见，共同学习、共同提高、共同促进。在教学中，教师应始终站在学生的角度，以最饱满的教学激情，激活学生的学习状态，调动学生的学习积极性，给学生自由的空间，给学生想象的心灵，使不同程度和不同个性的学生都能在课堂上得到良好习惯的培养与学习能力的发展。也只有这样，教师才能打造出高效的课堂，将课堂建设成为学生的家园和乐园，才能让自己的教学生命更精彩。

一、搭建自主实践的课堂

语文课程标准指出："语文课程是实践性课程，应着重培养学生的语文实践能力，而培养这种能力的主要途径也应是语文实践。"语文实践是着重提高学生自主学习能力的过程，这个过程的实质是在教师指导下学生主体不断成长。有位教育专家指出："自主学习的核心品质和特征是自主性。自主学习的核心品质是以主体性为内核，以自决性、选择性为特征的学习。"也就是说，教师要树立"语文课堂是学生自主学习的场所，是学生自主实践的场所"的先进教学理念，积极走向生本，灵活运用多种教学策略，积极为学生搭建良好的自主实践平台，引领学生尝试与文本对话。这样，学生就能带着问题自主理解，促进积极思考；赏析句段自主阅读，促进感悟表达；挖掘资源自主操练，促进能力拓展，全面提高语文能力。

语文课程是实践性很强的课程，教师要想在教学过程中有效实施课堂教学，就要积极创建开放的、充满生机的课堂。而开放的、富有生机的课堂要求教师在解读教材时要重视学情。在课前，教师应积极设计具有探索性和开放性的有价值的问题，给学生提供更为广阔的思维空间，引领学生主动查找资料，主动批注，使学生在课前就能有所思，促使学生主动求知、求解，激发他们进入最佳的学习状态，挖掘资源、拓展延伸，促进各方面能力的发展。

教师在教学中，要以学生的发展为本，认真研读文本背后所具有的语言表达能力的训练点及思维能力的创新点，再从具体的文本特点出发，根据教学的实际需要，积极寻找并挖掘学生语言表达能力和思维能力的最佳拓展点，创设"语用"情境，适时进行文本的拓展与延伸，让学生在文本的多元解读中，把自己当作课文中的人物去感受、去体验、去思考、去感悟文本的深刻内涵，使学生美好的情感得以升华。更重要的是，如此一来，学生的语文能力真正得以发展。教师还要关注学生的学习实践，积极探索学习方式的改变，要以文本的知识目标为依据，紧抓课内与课外阅读的链接点，丰富学生的学习体验，引领学生走进文本知识的纵深处，走进更广阔的语文天地，使学生终身受益。

记得在准备人教版语文四年级上册中《呼风唤雨的世纪》这篇课文公开课的过程中，我真切感受到了"不愤不启，不悱不发""师者博学广识，启迪引导，才成一技之长”的深刻内涵。之前经过几次试教，我努力让课堂成为学生自主实践的课堂，成为适合学生自主学习的场所。在校领导、同事的帮助与鼓励下，我对文本的解读也愈加深入。上公开课时，在定位好这节课的教学目标，进行实际教学的过程中，我不求面面俱到，而是注重在整体上把握住课堂的每一个环节，有预设，有生成，使每一个学生在这节课上都能有所收获。全国特级教师周一贯在点评时，肯定了这节课的成功之处，即“关注学生的学习情绪、学习活动和学习结果”“实现了学生在教师的组织引导下，主动参与、自主学习的过程”。

与其说这是专家对我的这节课的肯定，倒不如说这是我对“教育的真谛在于求实创新”的真实理解。理想的教育，能激活生命的潜能，教育的目的达成程度在一定意义上决定了教师的高度。我将在教学道路上继续求真、求美、求善，永不言弃，追求教学的有效性是我今后努力的方向。

二、抓链接点，巧搭“桥”

课内外阅读互相结合，这是语文教学必须遵循的规律之一。因此，将课内学习与课外阅读进行巧妙链接，会使学生课内学习的根扎得更深，使课外阅读的花开得更艳。我认为，抓好课内与课外阅读的链接点，应以文本的知识目标为依据，抓准教学点，拓展学生的学习资源；应以文本的情感目标为根本，紧扣感悟点，丰富学生的学习体验；应以学生为主体，确立联系点，迁移学习方法，使学生终身受益。

我在执教《呼风唤雨的世纪》时，巧搭课内外结合之“桥”，促使课内外学习有效结合，提高了阅读教学的实效性。

1. 抓准教学点，拓展学习资源

对课内外阅读教学点的把握是建立课内外阅读联系的基础。在备课时，教师要细读文本，以文本的知识目标为依据，积极借助文本中所出现的语文知识点，在抓好教学点的基础上，拓展学生的学习资源，使课内的学习向学生的各个生活领域延伸和拓展，也使学生能自觉地在课外选择与课内所学的语文知识相关的读物，通过多种渠道收集相关资料，如收集图片、看课外书、网上查询等，从中获取有益信息、形成自身知识，如此一来，既为学生理解文本、感悟文本的内涵助力，又扩展了语文学习的外延。

在教学《呼风唤雨的世纪》一课时，我就课后泡泡题中“我还能举出许多科技成就方面的例子”及小练笔“我要把这篇课文读给爸爸、妈妈或别的长辈听，请他们说说科技发展带来的变化，再把他们说的写下来”进行认真分析，发现这两道题分别是围绕文本所介绍的20世纪“科技的辉煌成就”和“人类的生活巨变”这两部分教学内容进行设计的，于是我在教学中紧密依托文本，把理解20世纪“科技的辉煌成就”和“人类生活的巨变”作为本文的教学点，然后以课堂教学为核心，适当进行教学资源的延伸。如为使学生在课堂学习中能举出更多科技成就方面的例子，在新授课时，我布置学生在课前阅读有关20世纪科技成就的资料，课堂上，学生把自己收集的资料运用到课文的学习中，纷纷列举有关20世纪科技成就方面的例子，诸如方便面、电子显微镜、杂交水稻、工业机器人等20世纪人类的伟大发明和发现。在交流时，学生情不自禁地流露出为20世纪的科技成就而赞叹的情感。我把小练笔这项作业的完成安排在第一课时教学之后，在学生对课文有了初步感知的基础上，布置学生回家后向自己的爸爸、妈妈、爷爷、奶奶进一步了解20世纪科技发展带来的变化，特别是听听他们对科技发展给人类生活带来巨变的想法，之后又适时指导学生在课堂上进行交流，从衣、食、住、行四个方面来畅谈科技发展给人们生活带来的舒适与方便。这样，学生在课堂学习中就能充分利用课外了解的资料和生活中的实例去深入理解课文，引发对文本阅读的兴趣，有效激发热爱科学的情感了。

2. 紧扣感悟点，丰富学习体验

学生的课外阅读与实践是最重要的语文课程资源。在阅读教学中，如果教师单纯让学生就教材来理解，势必无法较好地引领学生走进文本去感受、去体验。因此，在教学中，教师要加强课内外的联系，紧扣教学的感悟点，搭建课内外结合的平台，借助学生课外的资料积累、生活体验，指导学生将收集的资料进行整合，让学生在资料整合的过程中，不断丰富学习体验，不断提高阅读能力。

《呼风唤雨的世纪》这篇课文语言精练，内涵丰富，对学生树立积极的人生态度，培养热爱科学的精神意义十分深远。我认为，本文中，农耕社会与20世纪的科技对比及对灿烂前景的展望是教学的感悟点，也是教学的难点。在教学中，教师要抓住这两处感悟点，引导学生自主阅读，通过课内外阅读的有机结合，丰富学生的学习体验，帮助学生理解20世纪科技发展的迅猛及其对人类生活的改变，体会作者对科技发展的赞美与展望。如在对农耕社会与20世纪的科技进行对比时，我觉得四年级的学生不仅对农耕社会的落后科技根本无法理解，而且对手机、电话、电灯、电脑、飞机、轮船等极为熟悉的发明、发现是怎么产生的，在20世纪是如何给人类带来舒适与方便的，诸如此类的问题，也没有切身的体验，感受不深刻，理解有困难，无法较好地从对比中深刻感受20世纪的科技成就给人类生活带来的巨大变化。于是，我在课堂上通过课件出示相关的图片，再现农耕社会人们的生产、生活——日出而作，日落而息，只能依赖自然的情境，帮助学生感悟、理解农耕社会科技落后、人们生活艰难的情景；再以“祖先都有哪些美好的愿望，又是如何实现的”这个问题为切入点，引导学生用“在20世纪，有了____________，人们就能______________________。”这样的句式进行说话，鼓励学生将课前收集的有关20世纪的发明与发现的资料（图片、文字以及对长辈的采访所得）进行整合，再与语言实践相结合，深入理解课文，加深体验，体会科学技术的飞速发展给人类生活带来的巨大变化，让学生更有效地参与到学习中来。又如，为了帮助学生在学习课文时展望新世纪的辉煌前景，我播放了嫦娥二号发射的视频，告诉学生2010年10月1日，我国自主研制的第二颗月球探测卫星——嫦娥二号成功发射，这标志着我国探月工程又迈出里程碑式的一步，实现了突破性的飞跃，外国人为此预言2020年后，中国可能实现将太空人送上月球的梦想，再次激发学生热爱科学，为祖国取得的科技成就感到自豪的情感。由此继续引导学生大胆想象：在新的世纪里，科学技术还会再创什么神话？它将会如何迅猛发展？将会怎么改变人类的生活？学生调动自己平时的生活积累与经验进行想象，在不断丰富学习体验的同时，增强了热爱科学、学习科学和探索科学的情感。

3. 确立联系点，迁移学习方法

叶圣陶先生曾说过："现在有许多学生，除了教本以外，不再接触什么书，这是不对的。为养成阅读的习惯，非多读不可；同时为充实自己的生活，也非多读不可。"如何使学生把语文教材读厚、读透呢？教师在阅读教学中要以学生为主体，结合学生的实际，确立课内文本的学习与课外知识点的联系点，积极创设自主学习的情境，帮助学生在文本学习中习得方法，再把学法迁移到课外的阅读中，提出具体明确的阅读目的和相应的具体要求，使之贯穿整个阅读过程，从而开拓学生的阅读途径，引领学生从阅读富有知识含量的材料中获取信息，培养学生的阅读能力。

在教学《呼风唤雨的世纪》这篇课文时，教学伊始，我围绕"20世纪是一个呼风唤雨的世纪"这个中心句，让学生默读课文，画出文中哪些语句具体介绍了"20世纪是一个呼风唤雨的世纪"，并联系自己的生活实际，结合课外收集的资料，在书上批注读书感受。在教学过程中，我紧扣"在20世纪一百年的时间里，人类利用现代科学技术获得那么多奇迹般的、出乎意料的发现和发明。正是这些发现和发明，使人类的生活大大改观，其改变的程度超过了人类历史上百万年的总和"这个片段，问学生："在20世纪一百年的时间里，人类利用现代科学技术获得那么多奇迹般的、出乎意料的发现和发明。'奇迹'是什么意思？从这个词语中你感受到什么？"再抓住"发明"与"发现"这对近义词，指导学生列举自己从课文中或是课外了解的一个奇迹般的发现与发明，畅谈自己的感受。紧接着，再"煽风点火"："人类利用自己的聪明才智，只用了短短的一个世纪，短短的一百年，就有这么多的发明、发现，这些科技成就数量之多、范围之大，令人惊叹。”我抓住课内与课外相结合的联系点，使学生在课内与课外阅读的有机结合中，从语言文字、生活实际、收集的资料等多种角度感受“奇迹”一词的内涵，在反复诵读、品味中进一步深入领会这个中心句，使学生对20世纪仅一百年内取得的科技成就之多、速度之快形成深刻的认识，真切地体会到“20世纪是一个呼风唤雨的世纪”，是一个充满奇迹的世纪。由此再指导学生梳理出“找句子，品词语，谈感受”这样的学习方法，使学生进一步学习、体会“科技使得人类生活发生巨变”这个内容，使学生真正感受到，在20世纪，正是因为有了科学技术，人类的生活才会发生如此翻天覆地的变化。课末，我进行好书推荐，同时引导学生继续采用品读感悟的学习方法，品读《世界重大发明发现百科全书》和《科学改变人类生活的100个瞬间》等书，去了解20世纪人类利用科学技术取得了哪些辉煌成就，这些科学技术又使人类的生活发生了哪些改变，指导学生把在课内阅读中学会的读书方法，迁移到课外阅读中，从而带动课外阅读，提高学生的阅读能力。

三、抓教育点，培育情感

教育是无形的，德育的渗透也是无形的。正如苏霍姆林斯基说的，只有当识字对儿童来说变成一种鲜明的、激动人心的生活情景，里面充满了活生生的形象、声音、旋律的时候，读写教学的过程才能比较轻松！

人教版语文二年级上册的《纸船和风筝》是一篇童话故事。我在教学这课时，努力让学生带着对真挚友情的向往走进文本，让学生在与文本、老师和伙伴的对话中，熏陶情感。学生从这个感人至深的故事中，明白了纸船是友谊的使者，风筝是友谊的翅膀，清清的溪水里和蓝蓝的天空中都留下了纸船和风筝带去的问候、祝福、谅解、浓情；明白了是纸船和风筝让小松鼠和小熊成了好朋友，纸船和风筝成了维系、发展小松鼠和小熊的友谊的桥梁、纽带。我引导学生在课堂上展开丰富的想象，感悟人物的内心，自由表达自己对友谊的理解，使学生逐步体会到友谊的可贵，学会珍惜友谊。

1. 挖掘文本的价值，体会友谊的内涵

课前在认真解读教材时，我认识到，《纸船和风筝》这篇文章富有儿童的生活情趣，贴近儿童的真实生活，能真正打动学生幼小的心灵。于是，在教学中，我充分利用童话故事在低年段语文教学中所具有的独特的审美价值，紧紧抓住小熊和小松鼠感情变化这条线，串联教学，帮助学生体会“友谊”的内涵。

首先，我让学生默读课文第 2 至第 6 自然段，思考：纸船和风筝到底是怎样让小松鼠和小熊成为好朋友的？然后，我让学生默读课文第 8 至第 11 自然段，思考：纸船和风筝又是怎样让小松鼠和小熊和好如初的？就这样，学生带着问题，通过自主阅读，抓住关键词、句，阅读、感悟、体会、研讨、交流。接着，我再抓住文中的重点句“小熊拿起纸船一看，乐坏了……”“山顶上再也看不到飘荡的风筝……”“如果你愿意和好……”等，创设生动有趣的场景，让学生走入文本、理解文本，帮助学生从对重点句段的品析中，得到启迪。

在教学中，我特别注重以读为主，将“读”贯穿于教学的始终，通过情感朗读、角色扮演等方式，采用自读、指名读、范读、男女生赛读、小组读等方法，引导学生在读中思考，让学生在读中感悟，以悟促读，让读成为学生理解文字、体会情感的纽带。如在指导学生朗读课文第 7 至第 9 自然段描写小松鼠和小熊吵架后各自难过的心情时，我播放略带忧伤的乐曲，而在学习描写小松鼠和小熊和好如初的内容时，则配上欢快的音乐。音乐的渲染使学生沉浸在文本所描述的感人场景中，在朗读中升华情感，深刻认识到友谊会使人快乐，失去友谊会使人忧伤，一个人只有拥有了友谊，人生才会更加快乐。

2. 想象人物的内心，感悟友谊的美好

《纸船和风筝》中描写小松鼠和小熊因为一点儿小事吵了一架之后，他们内心的失落、痛苦以及为了恢复友谊采取的独特方式和感人场面最打动人心。为此，我立足文本，抓住文本中描写小松鼠内心的句子“过了几天，松鼠再也受不了啦”，引导学生展开想象的翅膀，思考：过了几天，松鼠再也受不了啦，他会怎么做？怎么想？然后进行以下的拓展练写。

过了几天，小松鼠再也受不了啦。

第一天，小松鼠________________________________。

第二天，小松鼠________________________________。

第三天，小松鼠________________________________。

……

学生纷纷说道：“第一天，小松鼠像往常那样折着纸船，可是内心却充满着忧伤；第二天，松鼠躺在床上，呆呆地想：我到底要不要和小熊和好呢？要是我把纸船放入水中，小熊愿意和好吗？第三天，松鼠将写着‘如果你愿意和好，就放一只风筝吧！’的纸船放进了小溪里，让溪水带着纸船，将自己内心的话带给小熊！”可见，学生抓住松鼠“再也受不了啦”这个关键的语句，在拓展训练中不断想象，不断感受小松鼠内心无法抑制的对朋友的思念和对美好友谊的渴盼，无法忍受失去友谊的痛苦、难过，在语言实践中达到了情感的共鸣，加深了学生对美好友谊的认知。接着，我及时抓住“如果你愿意和好，就放一只风筝吧！”这句话，指导学生反复朗读，体会这些文字背后蕴藏着的真情，理解到当彼此之间的感情和友谊产生矛盾的时候，只有宽容和谅解才能增进彼此的友谊！接着我又顺势拓展，让学生思考：小熊看到一只纸船漂流下来，会怎么想？怎么做？让学生明白了，小熊读懂了小松鼠让纸船带来的谅解，他也会马上放飞风筝，让风筝这友谊的翅膀给松鼠带去深深的问候与思念。学生就是这样通过想象人物痛苦、难过的内心，读懂了朋友之间的情感，感悟友谊的美好！

3. 关注情感的体验，理解友谊的可贵

新课改要求，在语文教学中，教师要密切关注学生的情感生活和情感体验。在教学中，我根据文本积极创设情境，同时加大语言文字的实践运用，为学生抒发情感搭建平台，使学生始终处于丰富的情感体验之中，让学生不仅把文本作为自己体悟语言的范本，还在情感体验中，感悟语言背后的情感，真正理解友谊的可贵，达到得情、得意、得理、得言的教学效果。

首先，我朗读了小熊和小松鼠给学生写的一封信。创设这个教学情境，无非是想让学生明白，小熊和小松鼠和好如初后，会愈加懂得友谊的可贵，愈加懂得宽容与谅解才能使友谊之桥更加牢固。接着，我出示有关友谊的名言，再让学生读一读，使学生懂得什么是友谊。

(1) 真正的友谊的要素，在于体谅别人的小过失。

(2) 忍耐朋友于一时，以免失掉他于永远。

(3) 谁要求没有缺点的朋友，谁就没有朋友。

(4) 毕生结交的朋友，不应一旦疏远。

(5) 真正的友谊从来不会平静无波。

(6) 真正的友谊好像健康，失去时才知道它的可贵。

最后，我尝试运用写心愿卡这种方式，让学生表达自己的真实感受，表达自己对友谊的理解。在填写心愿卡时，我引导学生思考：在生活中，你也会有和好朋友闹别扭的时候，请以“朋友，我想对你说……”为题，在心愿卡上写上自己内心的话。可以是祝福的话，也可以是真心的道歉，还可以是……

于是，课上就出现了学生不愿意下课，想立刻向好朋友真情告白的感人场面。

下课铃响，可学生没有丝毫要下课的样子，仍然埋头写着心愿卡。为了不影响学生的课间休息，我提醒学生：“孩子们，下课铃响了，我们下节课再继续完成这张心愿卡吧!”

此时，林书睿站起来，恳求道：“林老师，我有话要对我的好朋友刘一鸣说。”

“好的。”我笑了，“请你走到刘一鸣的面前，将你的话告诉他吧!”

于是，林书睿走到刘一鸣的课桌前，说道：“刘一鸣，你怎么可以说我骗你？还说要绝交？不过，我想跟你和好，不知你愿意不愿意?”

刘一鸣腼腆地笑了，说：“可以!”

我高兴地说："两个好朋友又和好如初了，你们握握手吧！握紧你们的手，让你们的友情地久天长！"

教室里掌声响起！

在学生写的心愿卡中，有敢于表白，主动伸出友谊之手，迈出可喜第一步，以求朋友谅解的。如廖诗茹同学写道："我的好朋友郭亦捷，虽然有时候我们会吵架，但是你知道吗？我还是很喜欢你的！"对于廖诗茹的表白，我及时肯定，并指出："敢于率先伸出友谊之手的人，是令人敬佩的。"学生报以热烈的掌声。有发自内心的真情流露，如黄群涵同学写道："诗茹，希望你宽宏大量，原谅我以前的错误！"有写给别班好朋友的真情告白，如潘晶晶同学写道："朋友，我们不要再吵架了，让我们成为永远的朋友吧！我知道，失去友情才会知道友情的可贵。"还有发自内心的真诚的邀请，如陈沿润同学这样写道："何煜儿，如果你愿意和好，就来参加我的生日聚会吧！"在心愿卡中，李凌睿同学这样写道："我和林老师是好朋友！虽然她批评过我，不过我在短短的两天内就得到了表扬！林老师，我想对您说，如果您想跟我交朋友，就说一声'你真棒'吧！"读到这，我不禁哑然失笑，学生把我当作是他的好朋友，这是我最欣慰、最开心的事！

当然，我更多的是从心愿卡中看到了学生给"什么是友谊"所下的注解和自己对友谊的理解。郑琪同学这样写道："友谊是富有魅力的，友谊会在你需要帮助的时候出现！"赵熙玮同学写道："一点儿小事并不能让我们分开！只要敢于道歉，我们就永远是好朋友！友情是可贵的，所以我们要珍惜友情！"黄宇翔同学写道："友谊是十分珍贵的，我们永远是朋友，我们不能为一点儿小事吵架，我们要学会宽容和谅解。"曾泓涵同学写道："你寂寞的时候，才会知道友情的珍贵。"……虽然这些语句朴实无华，却是学生真实情感的自然流露，洋溢着浓浓真情。在学习中，学生都懂得了人不能没有朋友，都学会了珍惜友谊，懂得了宽容和谅解。

学生写好后，我让他们走到自己的好朋友面前，进行真情告白！有的学生不敢当面表白，我就在课堂上积极充当爱的使者，及时转达学生真实的想法，力求打破横在学生之间的那道看不见的“心墙”。

由于在教学中，我积极创设情境，调动学生的情感体验，把对文本内容的理解与语言的自然表达有机、巧妙地结合在一起，使得学生完全沉浸在了美丽的童话故事里，情动而辞发，情意相通，不断受到情感熏陶，明白了友情是多么可贵，学会了宽容、谅解，懂得了真正的爱，因此学生想要向伙伴真心道歉的情感是这样强烈，想要真情告白的欲望是这样迫切。这里，没有作秀的痕迹，也没有预先的排演，一切的发生都是这样真实、可触摸，都是这样自然、不矫情。

可以说，这是人类最淳朴的情感的自由宣泄。

在这种充满人性化的教学氛围中，一切都是那么美好，我也深深陶醉于其中。我相信，它将会不断激发学生对“什么是真正的友谊”进行更加深入的思考！

第二节　思考——成长的助力

教师的专业成长不仅需要外在的助力，还需要内在的动力。

思考，是教师专业成长的助推器。教师要在听课中进行教学思考，要在磨课中积淀教学经验，要在实践中探寻教学规律，真正促进自我专业的发展与提升。

基于教育教学实践的反思、认识，是建立在对自身教学实践反思的基础上的，是建立在对他人教学的认真思考中的。教师要想成长为专业化教师，就必须走进课堂，在与其他教师的研讨中，既思考他人的教学，又发现差异，在不断提高自身的教学反思能力的同时，进行学习与实践的反思，认识教学本身的规律，然后博采众长，把他人精华的东西融入自己的课堂设想中，以提升自我的教学水平，经历学习、成长、成熟的专业化成长过程。

一、有效教学，三“思”而后“行”

语文教学是一种创造性的活动。教师的教学思想是否具有创造性，决定着教师的教学智慧、教学艺术等方面能否真正提高。为了深入探索高效语文课堂教学，我校语文教研组曾举行了这样一次教研活动。

先由一位教师上人教版语文六年级上册的《唯一的听众》（第一课时）。课后，教师们进行评课及讨论。在讨论中，教师们聚焦的不是本节课有哪些教学亮点，而是抓住“这节课的语文味如何”“教师的导与学生的学之间处理得是否恰当？是否达到工具性与人文性的有机结合”这些语文课堂教学的核心内容展开激励的讨论，听课教师在交流中产生思想的碰撞，迸发出智慧的火花。

在这种教与研互为依托、相互促进的教学关系中，让所有参与活动的教师思考语文教学的本质，思考教学理念在教学中的具体实施，思考教师对学生主体所具有的指导性，使教师领悟到了语文教学中“以生为本”的真谛。而此次教研活动之所以令我难忘并有所受益，就在于这次的教研活动让我愈加明确，教师是负责有效课堂实施的人，一堂优秀的课需要的是教师在实施教学的过程中能三“思”而后“行”，这样才能确保课堂教学的有效与高效。

在任课教师执教的人教版语文六年级上册中《唯一的听众》这节课上，有以下一些教学现象。

一是从教学的主导方面分析，教师在第一课时把教学目标定为：(1) 学会6个生字。(2) 有感情地朗读课文。能抓住重点词句进行赏析、感悟。(3) 引导学生从老教授的言行中感受老人对“我”的爱护、鼓励。

二是在教学预设中，教学环节有三个。第一环节：检查预习，归纳课文的主要内容。第二环节：品读有关描写老教授神态和语言的语句，感受老人对“我”的爱护和鼓励。第三环节：拓展练笔，迁移运用语言。

三是在第二环节的教学实施过程中，出现了以下教学“堵塞”现象。

（1）任课教师让学生先自由朗读课文，找出描写老教授神态和语言的语句，将自己的体会批注在书上；再出示描写“平静”的三个句子，引导学生比较：这三个“平静”是在什么情况下出现的？“平静”的背后，老人在想些什么？“我”读懂老人了吗？接着，教师指导学生读这三个句子，在朗读指导后进行拓展练笔。最后，教师小结：本文还有另一条线索，就是哪些地方写出了“我”的变化。请课后自己再读读、画画。

在实际教学中，学生能找到描写老教授神态和语言的语句，但理解、体会不到位，想象老教授当时心里想的内容显得较为单调、空洞，导致课堂缺乏一种情感场，整堂课显得较为沉闷。

（2）在引导学生体会、感悟老人的三个“平静”的眼神的不同内涵时，在学生的理解不是很到位的情况下，教师显得太急，没有及时捕捉住学生课堂中发言的亮点，就顺着自己预想的教学思路进行了。

在这个教学环节中，教师的主导作用过于突出，学生的主体地位没有得到充分的体现，教师的牵拽较为明显，导致课后的拓展练笔无法达到深化情感、打动学生心灵的教学效果。

这节教学研讨课，引发了我对有效实施课堂教学的三“思”。

1. 思教学目标的准确定位

有效的课堂教学需要教师对学情的有效分析、对教学目标的有效定位以及对教学情境的有效创设等。教师要通读语文课程标准，明确每个学段的目标要求，遵循教学规律，设置明确的活动目标，形成梯度，以切实提高教学的实效性。而教师对于文本的解读是教学目标准确定位的关键，教师必须拥有一双慧眼，真正走进文本、领悟文本，在每个教学环节的目的性、切入点的研究上下功夫，准确制订教学目标，这样才能确保每一项教学活动都落到实处，取得最佳的学习效果。

在《唯一的听众》一文中有两条线索，一条是“我”的心理、行动的变化，一条是老教授的语言变化。全文围绕这两条线索展开，脉络清晰，层次分明。我认为，从“我”的心理、行动变化中感受“我”对老教授的敬佩、感激之情这一条线索非常重要，也就是说，老教授的帮助与“我”的进步是不能截然分开的，从学生理解文本的角度出发，这是与学生的生活体验紧密相连的，是学生与作者情感相通的一条重要的主线。在教学实施过程中，任课教师先从老教授的言行入手展开教学，把教学目标只是定为“引导学生从老教授的言行中感受老人对‘我’的爱护、鼓励”，我认为，这个教学目标对学生理解文本来说，是缺少整体性的。

在本文教学目标确定之前，教师应把文本的这两条线索联系起来思考，当学生研读文本，走进作者自卑的内心后，就能很容易地体会到正是老教授对“我”不断肯定、鼓励，才有了“我”不断努力，继续练下去的思想基础。因此，本课的教学目标可以调整为，(1) 抓住文中描写老教授言行的句子和“我”的心理、行动的句子，体会老教授对“我”的鼓励给“我”带来的变化，感受老教授对“我”的爱护，从而去体会人与人之间的真情的美好。(2) 领悟课文的表达特点，学习环境描写、人物心理描写的作用，并尝试运用。在这样的教学目标的指引下，教师在教学实施中才能由浅入深，引发学生质疑，使学生在通读全文，感悟“我”的心理变化的基础上，感受“我”从怕听到“音乐白痴”时的沮丧，到躲到树林里拉小提琴，到最后在家里拉小提琴找回自信的情感变化过程，为学生学习下文做好情感的铺垫。接下来，教师再引领学生回到文本，品味全文，读懂三个“平静”的深刻内涵，这种基于学生理解文本的实际需要所设定的教学目标在课堂教学时，肯定会调动学生的生活体验，引导学生进行自主学习，与文本进行更好的情感交融。

2. 思学生学习实践的有效落实

语文是实践性很强的课程，教师在教学时，不宜刻意追求语文知识的系统和完整，而应该让学生更多地直接接触语文材料，在大量的语文实践中提高学习能力。也就是说，教师在课堂上要正确把握语文本位，只能引领课堂，不能占领课堂；要巧设教学活动，采取灵活多样的方法和策略，使教学环节环环紧扣，提高学生的参与度；要从学段特点出发，充分挖掘文本资源，寻找教材与发展学生语文素养适当、有效的结合点，引领学生进行丰富的、灵动的、有效的语言实践，并放手让学生自主学习；要注重师生的有效互动和动态生成，给学生通过质疑，思考解决问题的时间与空间，尤其注意倾听学生的见解，把握机会，鼓励学生自己去发现问题、提出问题、解决问题，在自主合作学习的过程中，内化吸收，提高能力。

在《唯一的听众》的教学中，学生在体会、感悟老教授的三个"平静"的眼神所包含的不同含义时，理解不是很到位，可见教师在进行教学设计时，对如何突破这个教学难点，是欠缺思考的。

我认为，教师在教学过程中要想有效实施课堂教学，就要积极创建开放的、充满生机的课堂，切实落实学生的学习实践，把属于学生的课堂还给学生。学生的思维一旦被激活，他们的学习热情和创新能力就会不断释放出来。因此，教师在这个教学环节中，可以放手让学生仔细观察课文里的两幅插图，引导学生展开想象：每天清晨，老教授都静静地坐在木椅上，平静地望着"我"。在老教授平静的背后，她的心里在想什么？每一次，当"我"得到老教授的鼓励与肯定，在树林里拉小提琴时，"我"的心里又在想什么？让学生在想象中还原生活，学着用眼睛观察、用心灵感受，再结合自己的生活感悟畅谈想法。在学生自主学习实践的基础上，师生、生生开展互动，此时教师再进行朗读指导，采用默读、个别读、激励指导读、男女分读、齐读、师生合作读等方式，帮助学生读懂三个"平静"的不同内涵：第一个是老教授对"我"的包容和友善，第二个是老教授对"我"的鼓励，第三个是老教授对"我"的关切和鼓励，为"我"的进步而欣慰，这是对"我"更高的期望。

此外，教师还可以结合文本内容，抓住一些训练点进行拓展练笔，帮助学生领悟文章的表达特点，学习人物心理描写的作用。如可以引导学生走进"我"的内心，补白文本中几处"我"的心理。

（1）老教授总不忘说上一句："真不错。我的心已经感受到了。谢谢你，小伙子。”每当此时我心里总洋溢着一种从未有过的感觉，此时，我想________。

(2) 妹妹惊叫着告诉我，她是音乐学院最有声望的教授，曾是乐团的首席小提琴手！此时，我想________________________。

(3) 在各种文艺晚会上，我有机会面对成百上千的观众演奏小提琴曲。那时，我总是不由得想起那位“耳聋”的老人，那清晨里我唯一的听众……此时，我又不禁想到：____________________。

这个拓展训练不但能锻炼学生的想象力，还能让学生明白写人需要抓住人物的心理等方面进行描写，还帮助学生理解了老教授对“我”成长的巨大帮助，感受这位老教授在“我”心目中的地位之高和不可动摇。这样的语言实践操练让学生无拘无束、生动活泼地学习，大大提高了学生学习语文的效果。

3. 思学法指导的适时渗透

有人说：“有效课堂的显性标志就是学生学有目标、学有方法、学有兴趣、学有效果。”确实，有效的课堂是真正有智慧的课堂。教师要树立正确的教育观念，确立以学生为主体的教学思想；要根据学段特点，积极利用文本这个媒介，注重学生学习能力与探究能力的培养，因为思维能力的增长就在于思维的创新；要冷静审视语文教学，要舍得放弃，量体裁衣，积极寻找新旧知识的“媒介点”，在学生思维的迷茫处和思维的纵深处巧妙设问，引导学生静心读书，认真思考，与文本充分地碰撞，善于提出问题，并努力寻找答案；要改变拽着学生跑的教学方式，适时渗透学法，通过学法的有效指导、师生的有效互动，教会学生常用的思维方法、思维技巧及语言表达的方法，让学生成为学习的主人。

对于小学高年级学生来说，理解《唯一的听众》这篇课文并不难。但是，体会作者如何通过描写环境以及人物的心理、语言、神态，表现老教授对作者的鼓励、关怀，是学生学习的难点。在这点上，任课教师在教学中可以加强对学生阅读需求的挖掘，注重阅读方法的指导，教给学生通过抓关键词的方法来想象情境，体会人物的内心情感。但是，教师在课堂教学时，学法的适时渗透不够明晰，显得形式虽多样，却给人拼凑之嫌。

我认为，本文贴近学生的实际，人物内心刻画生动，在“深究老教授的神态、语言，感悟老教授的鼓励”这一重点环节中，教师要从文本的描写方法入手，逐步引导学生走进文本，自主发现、质疑，讨论交流，获得启发；要抓住思维训练点，引导学生抓住重点词语，结合上下文，抓住老教授诗一般的语言，揣摩、体会她丰富的内心，可以让学生画出描写老教授的语言、神态的句子，认真观察课文的插图，认真研读课文，说说“课文中哪些句子给你留下了深刻的印象，拨动了你的心弦”，在对人物神态、语言描写的品读中，学生能逐渐感悟到老教授的三个“平静”背后的一种特有的耐心与勉励，一种智慧的启迪与期待；要抓住文本中“我”的两个“沮丧”及“我”的变化，引导学生在对“我”几次心里的补白中，感受老教授对“我”的爱护、鼓励；再通过朗读把学生带入情境之中，促使学生在读中体悟、读中融情；最后再引导学生联系自己的生活实际，想想在自己的生活中，是否也有一些人像老教授一样，一直默默地鼓励和支持着自己。这样，把思维的自由驰骋空间留给学生，才能对学生逐步引领学生走进文本，深刻感受老教授对作者的殷殷期待，从而深入体会老教授对“我”的鼓励是一首爱之歌，而爱护与鼓励使人间处处有真情。这样的课堂教学实施才能切实提高课堂的教学实效，达到提高学生语文素养的目标。

二、研读文本，提升魅力

有位教学名师曾这样说过：“解读文本要占领制高点。”确实，教师对文本的解读有多深，他的课堂教学就有多精彩。唯有教师占领制高点，才能进行有效指导，启迪学生的智慧，引导学生走进文本，突显教学理念。这也要求教师在解读文本后，要针对文本的特点，紧扣文本的动情点、思维点和冲突点，大胆取舍，制订教学目标，适当进行拓展，激发学生和文本中情感的共鸣，提高学生的学习能力，不断提升语文教学的魅力。

1. 研读文本，准确确立训练点

好的课来源于匠心独运的教学设计，而好的教学设计又来源于正确、深入的文本解读。确实，教师要备好一节课，首先要在教学之前对教材进行深入和独到的解读，要对文本中的语言文字和情感内涵进行个性化解读，以此抓住文本的“魂”，确立教学的训练点，才能在教学时逐步引导学生走进文本与之对话。

如人教版语文五年级下册中的《临死前的严监生》一文，作家吴敬梓采用讽刺的手法，只用了 300 字左右，便传神地刻画了一个栩栩如生的吝啬鬼形象。本课截取其中的一个片段，记叙了严监生临终前因灯盏里点了两茎灯草，伸着两根指头久久不断气，直到赵氏挑掉了一茎，才一命呜呼的故事，刻画了爱财胜过生命的守财奴形象。作者还以充满讽刺的手笔对严监生临死前的动作、神态做了细致的刻画，可以说是人物描写的经典之作。教师要根据学情，找准理解、欣赏、积累知识的训练点，认真制订本文教学的训练点，让训练点像指挥棒一样，有效地指导教师的教、学生的学。

近日，听了几位教师所上的《临死前的严监生》一课，我发现，教师在引导学生理解作者吴敬梓所刻画的严监生这个栩栩如生的吝啬鬼形象时，采用了不同的教学方法，取得了不同的教学效果，由此也引发了我对高年段阅读教学的些许思考。

片段一

1. 师：请同学们默读课文，思考：严监生是一个怎样的人？

2. 师：严监生是一个怎样的人？课文中的哪个片段给你留下了深刻的印象？

3. 学生汇报。

4. 学生分角色朗读课文，师生评议。

5. 师：请同学们拿笔画出描写严监生动作、神态的句子。

6. 学生汇报，教师随机板书：

伸　摇

睁　闭

7. 师：请同学们再认真观察课本中的插图，仔细揣摩严监生的神情、动作、内心，完成课堂小练笔，写出严监生的心理活动。

当______猜错时，严监生心想：______________________________。

8. 师生交流、评讲。

9. 师：在作者的细致刻画中，严监生的这两个手指头就成了“吝啬”的代名词。以后同学们在作文描写中也要注重细节描写，因为它会给人留下十分深刻的印象。

片段二

1. 师：严监生临死前有一个经典动作，是什么呢？

2. 学生回答，教师板书：

两个指头

3. 师：请同学们认真读课文，说说这两个指头代表什么。

4. 学生回答，教师随机板书：

两个亲人　两位舅爷

两包银子　两茎灯草

5. 师：面对严监生临死前伸出的两个指头，大家是怎么猜的？当时严监生的神态、心理是怎样的？

6. 学生找句子、谈体会。

7. 师小结：这两个指头，不是两个亲人，不是两位舅爷，也不是两包银子，而是两茎灯草，这两个手指头让我们读懂了严监生是个非常吝啬的人。

8. 师：请同学们朗读文中描写严监生的句子，进一步体会严监生的吝啬。

9. 布置作业。

课外练笔：通过细致的动作、神态描写来刻画一个你最熟悉的人。

片段三

1. 看图，仔细观察严监生的两个指头。

2. 思考：在人的生命尽头，是什么东西最值得留恋？而严监生留恋的是什么？

3. 直奔文本，体会感悟。

师：请同学们认真读课文，理解严监生临死前的三次摇头。

(1) 出示三个句子。

① 他就摇了摇头。

② 他又摇了摇头。

③ 他还是摇了摇头。

(2) 引导学生抓住重点词语体会，谈自己的读书感受。教师随机板书：

第一次：着急

第二次：失望

第三次：绝望

(3) 指导朗读：请同学们读描写严监生动作、神态的句子，读出严监生的不同心情，读出变化。

师：刚才严监生总不得断气，现在登时就没了气。作者是抓住两茎灯草来突出严监生的吝啬的，因这两茎灯草是他的心，他的生命。

(4) 师：面对这千万富翁，你有什么话想对他说？

(5) 师：作者通过两个指头、三次摇头、两茎灯草，来刻画十大吝啬鬼之一的严监生，写得活灵活现。现在，我们一起来体会作者是采用什么样的写法，才把他刻画得这样生动的。

(6) 学生谈看法，教师随机板书：

刻画形象：

语言　动作　神态　心理活动

4. 布置作业：阅读古今中外描写吝啬鬼的其他小说。

上述三个教学片段，执教者都把教学目标定为引导学生感悟严监生的吝啬形象。片段一中，教师将教学训练点定为引导学生通过找描写严监生的动作、神态的句子，认真看插图，小练笔，仔细揣摩严监生的内心，来感悟人物形象；片段二中，教师注重让学生读文本找出描写严监生的动作、神态的句子，并据此谈体会，再通过对文本进行反复的朗读和感悟，体会严监生这个人物的性格特点及人物特点的写作方法；片段三中，教师直奔重点，引导学生在比较中体会严监生的三次摇头所呈现的不同心理，指导学生读出严监生的不同心情，读出变化，巧妙引领学生走进文本，体会作者描写人物的方法。很显然，三个片段的教学设计各具匠心，也都符合文本的特点，不过，从片段三的教学设计中可以看出，执教者重视学生的语感，聚焦文本的语言特点，注重鼓励学生抓住重点的词句，在比较中有所感悟与触动，并在朗读中、与文本的对话中读出对人物的感受，体会作者写法的精妙之处，这样的教学设计更能触动学生心灵，使教学更高效。

2. 研读文本，深刻把握感悟点

李吉林老师曾说过："倘若语文教学舍弃了情感，那么就失去了语文教学的灵魂，没有灵魂的教学，必然走进烦琐、机械、无效的死胡同。"教师不仅要注重教学训练点的有效性，还要注重对文本情感感悟点的把握。因为教学是一种创造性的活动。只有师生心灵不断撞击，才能产生激情的火花；只有师生情感不断交流，才会激发学生对文本情感的感悟。因为教师对文本中的情感内涵的把握决定着教师在教学中的情感基调是否准确，决定着教师在教学中的教学情境的创设是否有效，决定着教师能否积极调动学生已有的经验，让学生在学习中揣摩文本中所蕴含的情感。这要求教师在研读文本内涵时，要作为一个阅读者走进文本，走进作者表达的情感中，读出情感、情境，把握文本的主线，巧抓文本的"魂"，聚焦文本的形象，用丰富的教学形式，充分调动学生的情感体验，让学生从中品味到文本的情感。

《临死前的严监生》这篇课文的情感感悟点是严监生在临死前这个特定时刻，不像常人那样，放心不下自己的亲人、朋友，而是放心不下"金钱"，足见人物的冷酷与贪婪。作者抓住他的两个指头、三次摇头、两茎灯草来刻画人物，写得活灵活现。所以，教师研读文本后，要重点指导学生以两个指头、三次摇头、两茎灯草为切入点，让学生走进文本，感悟世界十大吝啬鬼之一的严监生临死前心里燃烧的是金钱，是生命。

我在细读文本时发现，对于严监生的描写只有神态与动作，没有内心的刻画，所以，要真正感受严监生的吝啬，必须从对神态、动作的理解走进他的内心。再回头看这三个教学片段的情感点的把握，我觉得片段三的执教者研读文本后，能充分挖掘文本所隐含的作者特有的情感。教学伊始，教师直接从严监生的三次摇头切入，先出示三个句子，巧妙地把学生引回文本，引导学生紧扣“摇了两三摇”“睁的滴溜圆……狠狠摇了几摇……指得紧”“把眼闭着摇头……指着不动”这些句子，从“摇了两三摇”中体会严监生的焦急不安；从“睁的滴溜圆……狠狠摇了几摇……指得紧”读懂他的心急火燎；从“把眼闭着摇头……指着不动”中体会他从失望到绝望的心情。之后再让学生谈谈：“面对这千万富翁，你有什么话想对他说?”让学生在教学情境中谈谈自己的感悟。执教者就是这样聚焦文本的语言特点，以三次摇头作为教学情感点的抓手，一步步引领学生通过重点研读描写严监生神态、动作的句子，来感悟他从着急到绝望的内心，让一个活生生的吝啬鬼形象跃然纸上。

3. 研读文本，积极寻找拓展点

教师在教学中，要以学生的发展为本，认真研读文本背后所具有的语言表达能力的训练点及思维能力的创新点，再从具体的文本特点出发，根据教学的实际需要，积极寻找并挖掘学生语言表达能力和思维能力的最佳拓展点，让学生在对文本的多元解读中，主动思维得以激发，语言表达能力得到提高。如此一来，就能放飞学生的个性与灵性，引领学生走进文本知识的纵深处，走进更广阔的语文天地。

在《临死前的严监生》一文的教学中，三位执教者以文本自身的特点为教学的抓手，有效进行能力的拓展训练。片段一中，教师借助的是小练笔的形式，以观察文本的插图作为拓展点，让学生认真看插图，仔细揣摩严监生的神情、动作，揣摩其内心，并完成课堂的小练笔，写出严监生的心理活动。既让学生在当堂练笔中揣摩人物内心，理解了课文，又让学生掌握了通过神态、动作的刻画，反映人物内心、刻画人物形象的写作方法；片段二中，教师先让学生学习本文作者的写作方法，然后让学生通过细致的动作、神态描写来刻画一个最熟悉的人，达到让学生学以致用的教学目标；片段三中，教师则是让学生在学文中，掌握通过对人物的语言、动作、神态的细致描写来刻画人物形象的写作方法，然后在课后布置学生阅读古今中外其他描写吝啬鬼的小说，进一步培养学生的阅读兴趣和阅读能力。这些教学举措都能使学生的语文能力得到提升。

所谓“教无定法”，上述三个关于《临死前的严监生》的教学片段，客观地表现了执教者对文本的理解与感悟，充分体现了执教者不同的教学思路和不同的教学方式，最终所呈现的教学效果也必定有所不同。教师在教学中，唯有在认真研读文本的基础上，找准文本的动情点、思维点和冲突点，准确确立训练点，把握情感感悟点，寻找能力拓展点，才能不断提升教学的浸润力和感染力，触动学生的心灵，让语文教学真正走进学生的心灵。

三、对比细读，提高实效

细读文本，我们不难发现：在低年级教材的编排上，编者注重从学生的认知水平和认知特点出发做系统的排列；在教材选择上，编者有意选取适合低年级学生阅读的文章，尤其是通过借助不同的文体来表现作者不同的思想内容，在文本中突出人文价值观的文章。我在教学中发现，其中一些文本为了进行情感渗透，在写作方法上采用对比的形式，如《酸的和甜的》一文通过小兔子、小松鼠与小猴子在“是否吃掉树上的那一串串紫红色的葡萄上”不同态度的对比，突出小猴子的聪明才智，表达了“做什么事都要勇于尝试，才能获得成功”这个主题思想；而在《小柳树和小枣树》《风娃娃》这两篇文章中，也是通过对比的写作方法，使学生明白要“善于发现别人长处”“遇事要多动脑筋”的深刻内涵的。

综上所述，我认为，为了提高低年级阅读教学的实效性，教师首先就要对教材进行认真细致的解读，在此基础上还要根据对比式写作方法的特点，选择最为有效的教学方法，指导学生走进文本、感悟语言，促使教学取得最大实效。

现以人教版语文二年级上册第七单元主题“爱护地球”为例，谈谈自己在低年级阅读教学中是如何从解读教材入手，针对文本对比式写作方法的特点，采用对比细读的教学方法来进一步提高教学实效的。

1. 教材解读

（1）本单元在写作内容上有一个相同的特点，即能从低年段学生特点入手，选取与低年级学生的生活紧密相连、息息相关且适合他们阅读的内容，如童话故事、小说等，文字比较浅显易懂，富有童心和童趣，有较强的可读性与德育价值。整个主题单元旨在引导学生在学习课文后知道要爱护小动物，保护环境，使地球更加美丽！总之，这个单元的教育主题洋溢着浓郁的时代气息，蕴含着丰富的人文精神，使学生在情感上受到感染和熏陶，从小树立人与动物和谐相处的思想。

（2）本单元的文章在写作方法上都采用比较式的写法。文中所描写的主角都是爱护环境、保护动物、热爱大自然的人，与之对比的人物或是年龄相仿的孩子，或是成人。为了凸显环保主题教育，突出主角的美好心灵，作者有意借助对比式的写法，通过人物之间言行的对比，使学生从两种截然不同的态度中潜移默化地受到教育并引发思考，从而自然而然地意识到人与动物、人与自然和谐相处、相融、相依，明白保护环境的重要性。

2. 教法确定

现实生活中确实存在着面对同样的事情，不同人有不同的想法和做法，也存在着同一个人会是对与错的矛盾体这样的情况。在低年级的阅读教学中，教师要积极运用对比细读的教学方法，引导学生抓住文本中的语言、结构进行对话，让学生在与文本的对话中，在感悟语言的魅力后，对文本塑造的人物形象，有更进一步的认识与理解。因此，教师在教学本单元时，应依据文本中对比写法的运用，有意识地抓住作者的思维轨迹来进行教学，在比较阅读中引领学生细读文本、品味语言，更主动地去构建文本的意义，与文本进行深层次的对话，体会文本的内涵。

3. 教学提炼

（1）抓言行细读比较，揣摩人物的内心

我在教学本单元时，不仅注意找出文本中的主角，更主要的是以课文中的一些重点句段来安排教学，通过设计教学情境，有意识地引导学生进行人物言行的对比及内心情感的对比，引导学生细细咀嚼，尝试与文本对话，加深学生的情感体验，帮助学生梳理文中隐藏的情感暗线，引领学生走进人物的内心世界，使学生受到情感的熏陶，使环保意识植根于学生的内心深处。

如在教学《浅水洼里的小鱼》一文时，许多教师往往只关注到小男孩这个事件的主体，大多是找出与小男孩有关的语句引导学生细细咀嚼，却对文中隐藏的线索，即对“我”最初对小鱼不在乎的态度及至后来“我”可能会有什么表现这一内容简单带过甚至只字不提，如此一来，学生在教师的指导下只看到主角——小男孩的表现，而无法从小男孩的情感与“我”最初的情感“谁在乎呢？”所形成的强烈反差中去进一步反思“我”面对小男孩捡鱼的举动为什么会有如此的表现，反思人类为什么会对小动物漠视等行为，而使得教育贴上生硬的标签，这势必使文本情感内涵的渗透受到削弱，同时违背了编者的意图。

基于这些考虑，教学时，我紧紧抓住“我”和小男孩的言行进行对比，设计了这样的问题：“我”对小男孩捡鱼的做法最初是什么态度？后来“我”又有什么转变？从小男孩的言行中，你得到什么启发呢？在这样的比较中引领学生入境入情、充分阅读、感悟文本，体会文本的情感内涵。学生从文本中了解到：“我”刚开始是看了小男孩的举动后，才会忍不住走过去对小男孩说“水洼里有成百上千条小鱼，你是捡不完的”，这体现了刚开始“我”对小男孩举动的不理解，衬托出小男孩对水洼里小鱼的在乎。我再趁热打铁：“小男孩在与作者对话时始终头也不抬地回答，一边回答一边捡鱼，从这看出了什么？你知道他心里想什么吗?”学生纷纷说道：“他在为小鱼的安全着急。”“他觉得时间就是生命，一刻也不能耽搁!”……这样，自然而然地，学生体会到小男孩救鱼时的专注与执着、小男孩救鱼时态度的坚决，对文中小男孩的行为肃然起敬。可以想见，当我再让学生续编课文：后来，“我”会怎么做时，学生一致认为：“我”的心灵受到震撼，最后肯定会加入小男孩捡鱼的行列，也会弯腰捡鱼把小鱼送回大海。学生在人物言行的细读对比中，明晰了文本的情感线索，进一步揣摩到人物的内心，“保护动物、珍惜生命”的思想悄然植入学生心灵。

同样的，在《清澈的湖水》一课教学中，我引导学生将文中主角——小洁和小孩的行为进行对比，从而帮助学生体会到为什么小孩的举动使小洁不满以及对美丽的大自然的企盼之情；《父亲和鸟》中我引导学生通过“我”和父亲言行的对比，帮助学生从中体会父亲对小动物那份浓浓的爱。

另外，我在教学中还有意识地采取生动有趣的教学方式，引导学生模仿人物的神态、动作，唤起学生主动参与的欲望，使教学获得意想不到的效果。

(2) 抓画面细读比较，体会情感的变化

文本中的图画往往是文本的补充与升华，教师在教学中要充分利用画面，引导学生借助画面展开丰富的想象，与作者共同思考，从而真切地感受人物情感的变化。

如《清澈的湖水》一课中，景色美与行为美的和谐是本文的主题。课文中出现的画面是小洁与爸爸、妈妈泛舟湖上，欣赏两岸美丽景色的情景。我先引导学生看画面展开大胆想象：两岸的风景如何美丽?湖水怎样?湖里的小鱼怎样?此时，小洁的心情是怎么样的?然后再借助多媒体演示小孩扔香蕉皮后，湖面满是皱纹的情景，引导学生想象：小孩扔香蕉皮后，湖面又是怎么样的景色?这时，学生纷纷谈道：“似镜子的湖水被破坏了，湖水变得满是皱纹，再也看不到蓝天、白云，还有变幻的山峦，水中可爱的鱼儿也被吓跑了。”……学生从原来美丽景色到后面美丽的景色被破坏等画面的形象对比中，再细读文本，从而读懂了小洁为什么会对小孩的行为不满以及对美丽的大自然的企盼之情。课的结尾，让学生展开想象，续写故事，有的学生怀着美好的心愿赋予这些破坏环境的人知错就改的行为，他们不禁这样写道："当小洁走出公园又见到小孩时，小孩为自己刚才的行为脸红了，他走到小洁面前，向小洁承认了错误，并表示也要用实际行动爱护大自然。"可见，我通过抓住画面引导学生想象，然后再引导学生细读小孩的行为与小洁的行为，能使学生体会到人物内心的不同感受，明晰人物情感的不同变化，如此一来，就有效地避免了文本拓展的苍白性，使得爱护动物、爱护大自然的情感也如种子一样在学生的心灵中扎根。

（3）抓细节细读比较，品悟人物的品质

文本的细节描写往往是作者精细加工、独具匠心之所在，也是文本的点睛之笔，最能表现人物的高尚品质。但这些细节的描写往往是学生阅读时的一个盲点或是一个困惑点。因此，教师在教学中，要紧紧抓住文本的细节描写，运用合适的方法，巧妙地引领学生细读，使学生在细读文本时，通过对人物的品读经历一个发现和体验的过程，从而主动地、富有创意地构建文本意义，进而构建起学生个体的心灵空间，与文本的人物产生共鸣。

在教学本单元时，我就是抓住文中的关键点与情感点，引领学生在比较式细读中、在涵泳语言中亲近文本的，让学生不仅真切地感知了文本内涵，还走进人物的内心深处，与作者对话，感受到作者于字里行间流露的情感。

如在《父亲和鸟》一课中，父亲爱鸟、知鸟的举动与"我"对鸟的一无所知形成鲜明的对比。我在教学中注意紧扣文中的"我并没有看见一只鸟飞，也没有听到一声鸟叫"和"我只闻到浓浓的草木气味，没有闻到鸟的气味"，而"父亲突然站定……上上下下地望了又望，用鼻子闻了又闻""喃喃""话音很轻"等细节描写来展开教学，因为这些细节描写都是在刻画一位知鸟、爱鸟的父亲形象。教学时，我还积极引导学生品味，让学生从这些细节的对比中体会到"我"对鸟的不了解，更体会到父亲通过看动静、闻鸟味，就知道林中有不少鸟，从而读懂了父亲和鸟的关系不同寻常，读懂了父亲与鸟亲似一家人的情感。因为教学时我于对比中突出了文本的主体——父亲，凸显了父亲的爱鸟情感，帮助学生体会到文本所要表达的思想内涵——父亲是一位知鸟、爱鸟的人，于是，学生在课末对文中意味深长的这句话——“我真高兴，父亲不是猎人”的品读中知道了在爸爸的教育下“我”也有了爱鸟的情怀。最后，我指导学生由课文内容展开想象，进行发散思维训练，让学生回答“当你看到小动物受伤了，你在乎吗？你会怎么做呢？”这个问题。从学生的发言中，我深刻感受到他们的心中已经涌动着对小动物的爱与责任。

4. 教学成效

对比细读教学方法的运用，使学生对本单元的学习显得更有张力，学生在学习中走进美丽的大自然，走进神奇的动物世界，懂得了“人与大自然和谐相处”的真正内涵，本单元的情感内涵得到较好的渗透。

第三节　积淀——素养的提升

师爱是一门精细的艺术，教师只有懂得如何做到爱生如子并教好学生才是一种真正的智慧。法国思想家帕斯卡尔曾这样说过：“人是一根有思想的芦苇。”

教师智慧成长的要义是学习、实践、积淀。

源于对学生的热爱和对学生成长的关注，担负着教书育人重任的教师，要积极打磨课堂，在教学实践中认真学习名师的成功做法，丰富自己的课堂教学经验，有效改进自己的教学行为，不断丰富教育智慧，提升思想境界，改变教育观念，积累精深、广博的知识，在感悟学生、感悟课堂中不断积淀教学经验和教育智慧，使自己的教学能力、专业素养得到提升。

一、积极构建理性课堂

目前，在语文课堂教学中，还存在明显的走教案、套模式的“填鸭子”式的课堂教学……这种没能从语文学科中“语”的特点进行构建的课堂，也就没有了学生与教师、与文本之间真正有效的交往与互动，使课堂教学呈现出虚、空、了无生机的现状。

那么，在教学中，教师如何真正落实新课标的要求，使语文课堂更加富有生机与活力呢？我认为，有生命力的课堂，首先应是一个充满理性的课堂，理性课堂的建立首先是教师要有明确的文本意识，能对语文教学各学段的教学目标准确定位。同时，教师还要摆正自己在教学中的主导地位和学生的主体地位。在此基础上，教师还要积极确立“教材为主，课件适宜；学生为主，形式适宜；激励为主，评价适宜”的“三个为主，三个适宜”的教学思想，对课堂教学进行有效的调控，使语文课堂真正成为学生学习的乐园。

1. 教材为主，课件适宜

现今的语文课堂中，许多教师为了评优质课、创精品课，一味讲究教学课件的唯美，往往把文本这个教学最重要的“根本”搁置一边或束之高阁，精美的课件充斥于课堂，美好的画面是给足了，却限制了学生的想象力，剥夺了学生在课堂上思考、读书的时间与权利，把学生在课堂上情感的体验感悟、语言的交流和思维的碰撞这些参与学习活动的时间给占用了，最终呈现的是文本被冷落、架空的现象。

其实，教师应该清醒地认识到，教师自身对教材的正确把握与解读，是教师教学的关键所在。课件在教学中只起辅助作用，适时、恰到好处地运用教学课件，将对课堂教学起到画龙点睛的效果，会使课堂教学更加尽善尽美。但如果课件用得不恰当，用得不是“火候”，反而会有“牵强附会”“画蛇添足”和“东施效颦”的嫌疑，这样的做法只会适得其反，将束缚学生想象的合理性与多元性，也将占用学生自主感悟、自主探究的时间。因此，教师在课件的制作与设计上是否精心、用得是否适宜，影响着课堂教学的实效。

孙双金老师在教学一组思乡诗时，巧用课件，起到了渲染气氛、激发学生情感的教学效果。孙双金老师在上课伊始这样说道："故乡跟我们每个人紧紧相连。说到故乡，我们的思乡之情油然而生。今天老师给同学们推荐一首诗。"说着，孙老师播放歌曲《月之故乡》，然后让学生说说听了这首歌有什么想法。借这首歌曲为引子，孙老师引领学生走进古典的思乡作品——《秋思》。在教完《与浩初上人同看山寄京华亲故》《西过渭州见渭水思秦川》两首古诗后，他又播放了《月之故乡》这首歌曲，带着学生走进《七子之歌》《乡愁》两首现代诗歌。在课的最后，孙老师和着动听的旋律深情演唱，学生跟着哼唱，他还充满激情地说道："故乡是什么，故乡就是那白发亲娘，就是小时伙伴，就是小桥流水，就是那绵绵思念，我们的诗人用诗来抒发情怀。乡思是什么？就是'举头望明月，低头思故乡'的情怀，就是'独在异乡为异客，每逢佳节倍思亲'的情感，就是'少小离家老大回，乡音无改鬓毛衰'的思念之情，就是'海上生明月，天涯共此时'，就是'但愿人长久，千里共婵娟'。"在这节课上，《月之故乡》的反复出现，帮助学生连接了古今，绵绵不绝的思乡之情被轻轻撩拨，激发了学生浓浓的思乡情，深深的爱国情。又如，有位教师在上《海底世界》时，在教学课件的运用上也是恰到好处。教师先用生动的语言引领学生和作者一样"穿上"潜水服，潜入海底深处进行实地考察，去看看海底有什么，然后播放有关海底的美丽画面，接着让学生和作者一样戴上听音器，去聆听海底的声音，教师又再播放海底各种奇妙的声音，让学生听后进行模仿、汇报，最后让学生回文，看看课文是怎么写的。课堂上，教学课件的适时运用，充分发挥了多媒体课件具有的声、光、色的辅助教学优势，使学生愈加感受到海底世界是景色美丽、物产丰富的地方。教学课件在本课教学中起到了积极营造学习氛围，激发学生学习兴趣，培养学生热爱自然、探索海底世界的兴趣的作用。

2. 学生为主，形式适宜

在语文课堂上，不难看到有些教师为了体现教学形式的多样化，采用了一些表面看着新潮、热闹，却华而不实，对学生理解文本、感悟语言、体会作者情感毫无帮助的教学形式。如在教学《卖火柴的小女孩》一课时，有位教师让学生走上讲台表演小女孩在一次次擦火柴时的那种孤独、绝望的样子。显然，由于学生没有处在小女孩当时的环境，没有小女孩当时的生活体验，自然无法表演出她内心的真实感受，反而觉得有些好笑。这种教学形式脱离了学生的实际，只让学生凭空想象，对学生理解文本反而产生了负面效果，无法达到帮助学生理解小女孩生活的痛苦和命运的悲惨，唤起学生对小女孩及所有受压迫的穷苦人的深切同情和对资本主义社会制度的憎恨，珍惜现在美好生活的情感目标。

其实，教师应清醒地认识到，在语文教学中，学生是教学的主体，教学要散发其特有的魅力，真正吸引学生，真正帮助学生解决学习上的困惑，引领学生走进文本，一切教学形式都应以符合教学的需要和学生的学习需要为原则，要切实为学生的学习服务。为此，教师应更多地去关注学生个体理解文本的需要，更多地考虑采取的教学形式是否有效，是否对学生理解文本有益……

王崧舟老师就是一位充满教育智慧、富有思想的教师，他在帮助学生理解“背直起来了，我的母亲。转过身来了，我的母亲。褐色的口罩上方，一对眼神疲惫的眼睛吃惊地望着我，我的母亲……”这个感人的镜头时，巧妙运用“让学生闭眼想象”的教学形式，使学生陶醉于教师所营造的“诗意课堂”中。

在品读感悟这个句子时，王老师范读，让学生闭上眼睛想象：“当你读‘背直起来了，我的母亲’这句话时，你看到了什么？看到了怎样的背？你看到了母亲的背吗？你看到母亲的肩胛骨吗？这是我母亲的背吗？在我的记忆中，我的母亲的背是怎样的？”接着王老师又读：“背直起来了，我的母亲。转过身来了，我的母亲。”又让学生闭上眼睛想象：“继续看！你看到了怎样的脸？这是我的母亲的脸吗？在我的记忆中，我的母亲拥有一张怎样的脸？”王老师接着往下读：“背直起来了，我的母亲。转过身来了，我的母亲。褐色的口罩上方，一对眼神疲惫的眼睛吃惊地望着我，我的母亲……”又让学生闭上眼睛想象：“你看到一双怎样的眼睛？这是我的母亲的眼睛吗？不是的，在我的记忆中，我的母亲的眼睛是——请带着你们的想象、你们的记忆、你们的疑虑、你们的困惑来读读这个句子。”紧接着王老师又说道：“作为儿子的我，不禁要问：母亲，我的母亲，你那坚挺的背到哪儿去了？红润的脸到哪儿去了？清澈明亮的眼睛到哪儿去了？到哪儿去了？到哪儿去了？到哪儿去了？请再读这三句话，闭上眼睛，再仔细、真真切切地想一想。”王老师在这个教学环节中四次让学生闭眼想象，激发学生调动自身的生活体验，引导学生把文本与现实生活结合起来，直透人物的内心情感，使学生在一次次的闭眼想象中，情感一步步升华，感悟一次次增强，愈加真切地看到母亲为了儿女的成长日夜操劳、辛劳付出的情景，愈加读懂了母亲既平凡又伟大的爱。可以这样说，王老师所采用的教学形式起到了震撼人心、催人泪下的教学效果。

3. 激励为主，评价适宜

在语文课堂教学中，作为教学的推进者，为避免学习主体弱化的倾向出现，教师要积极关注课堂上的信息源，在学生的学习过程中，应以学生的终身发展的理念为指导，用教学的敏感度和教学的智慧，把学生的学习状态作为课堂教学中关注的焦点，对学生的学习状态进行研究、分析，同时积极借助评价机制，以激励为主，努力为学生提供一个自我展示的平台，激励学生主动参与；努力为学生提供思维的空间，激发学生学习的内驱力，让学生学得有兴致，学有所获。

但是，在现今的语文课堂中，我们不难发现，虽然评价方式更为多样化，许多教师都注重采用激励性评价，课堂上给予学生的掌声也似乎比以前更为热烈，但是在评价中还明显存在着形式较为单一、呆板，语言华而不实、空泛等不足。如在《三个儿子》的教学中，有个学生讲到他从画面上看到的那个帮妈妈提水的孩子的表情是不高兴的，这显然与本课所要引导的“在妈妈需要帮助的时候，用自己的行动来回报妈妈的爱是非常快乐的”情感目标是背道而驰的，教师此时只是这样说道：“老师觉得你这样理解是不对的，请你再认真想想。”然后让他坐下，又继续往下讲。如果这位教师能及时抓住这个课堂中的生成点进行适宜的评价，如“图中的第三个儿子在帮妈妈提水时，到底高兴不高兴呢？请你们再仔细地观察插图，认真地读课文，老师相信你们会找到最合适的答案的”，将会营造全班学生共同参与问题讨论的教学氛围，从而激发学生调动自己的生活体验回文找依据，进行品读、感悟，逐渐感受到这个儿子此时喜悦的心情，课堂上就会多了学生与文本对话的情感“场”。

其实，教师应清醒地认识到，在学生与文本的对话中，教师要充分发挥“导”的作用，要在课堂上通过倾听和观察，在学生对文本的理解产生困惑或分歧，甚至是偏离了对文本的正确理解时，能及时正视教学过程中这些生成性资源，注意以学生的求知需求为主线，对学生的学习进行点拨，或积极肯定，或指出不足，帮助学生拨开思维的迷雾，使他们有豁然开朗的感觉。如此一来，学生将在教师富有激励性的评价中发展思维，积极构建自己的知识经验，不断提高学习能力。如在教学人教版语文四年级下册中的《夜莺的歌声》一文时，教师以“课文为什么以‘夜莺的歌声’为题？想想这首夜莺之歌唱出了什么？”为问题，将夜莺的歌声作为贯穿全文的一条线索，引导学生从课文中找出描写“小夜莺”的外貌、神情、动作和语言的句子，使学生在细细品读中体会孩子的机智与勇敢。教师在课堂上不时用激励性的语言激发学生的探究热情，引导学生不断与文本进行亲密的对话。期间，当有个学生说道：“我读了课文中的这些句子后，知道孩子学夜莺歌唱是为了麻痹敌人，取得敌人的信任。从前面的描写中可以看出，孩子是在伪装表演，有意吸引敌人的注意；从后面的描写中可以看出，孩子这样做是在执行任务，是借歌声暗送情报。”教师立即给予高度的评价：“你能认真读课文，读出‘小夜莺’的聪明与机智，非常棒。你觉得‘小夜莺’还是个怎样的孩子？”这个学生接着说道：“我认为，‘小夜莺’在这场战争中作用很大，他的表现直接关系到战争的胜利与否，是游击队打了一个漂亮仗的重要保证。”另一个学生则补充道：“我觉得，夜莺之歌，实际上谱出的是一曲英雄之歌。”……正是由于教师关注了学生在课堂上的表现，及时用肯定的语言来激发学生学习的热情，促使学生与教师、与文本、与同伴之间实现真正的互动与交往，才使教学有了情感的生发点，语文课堂亮点纷呈。

激励性评价语言也能使学生树立自信心，引导学生自信、快乐地投入语文学习中。如有位教师在教学人教版语文一年级上册中的《小松鼠找花生》时，请一名学生读描写花生的有关句子。第一次，学生没能读出情感来，教师并没有批评他，而是用充满期待的、富有激情的语言唤起学生对句子的感悟："孩子，如果此时你也来到这里，看到这么美的花生花，你会怎么赞美？请你再读一读这个句子，老师相信你会读得比刚才还棒！"在教师的鼓励下，这位学生再读这个句子时就融进了自己的情感，明显地读出了对花生花的赞美，教师又顺势肯定他这次能读出真情实感，让其他学生给予热烈的掌声，并表扬了他的进步。由于教师在评价的语言中饱含着真诚的鼓励、由衷的表扬，让学生体会到教师真诚的关怀，使这位学生的脸上绽开了笑容，自信心也得以激发，朗读一次比一次有进步。同样，激励性评价也会帮助学生发现伙伴的优点，学会向伙伴学习，对学生合作能力的培养有极大的促进作用，真正促进学生学习水平的提高。

二、正确评价一节好课

记得一位特级教师曾这样说过："我一生都在想怎么上出一堂好课！"这句话真实地道出了一位教师在教学专业化成长道路上不懈追求、积极进取的精神，也从另一个侧面引发我的深思：新课程下，到底什么样的课才算是一节好课？因为一直以来，对一堂课的好坏的评价，总是随着时代的发展、随着教育形势的变化在不断地发展和变化。

回顾以往，人们对一堂课的评价，主要侧重于教师的"教"，评价的着眼点更多的是从教师在备课时制订的教学目标是否准确、教学方式是否运用得当、课堂的调控是否到位、教师的教学行为是否科学等方面来进行评价。我觉得，这些评价内容的确是评价一堂课的重要参数，但是在基础教育课程改革的今天，新课程对充满活力的课堂提出了更多的要求，它不再仅仅停留于对教师的评价，而是将评价的触角延伸到学生在学习中是否主动参与、教学能否有效地促进学生的终身发展等方面。下面我仅以一个到课堂听课的“看客”身份，对新课程下怎样的课才是一节好课谈谈自己一点肤浅的认识。

1. 一节好课要有充满人性化的教学氛围

在新课程的课堂中，教师与学生是平等的关系，教师是“平等中的首席”，与学生的关系亦师亦友。教师要深刻地认识到，教师与学生在课堂中要注重言语间的交流、心灵上的碰撞；教学相长，教与学是相互促进的，教师要积极创设充满人性化的教学氛围，让课堂充满生命的活力。

在人性化的课堂上，教师是冬日里温暖的阳光，用爱照耀每个学生的心灵，让催人奋进的激励、开启心智的赏识、平等民主的尊重架起教师与学生心灵的桥梁，让爱成为教师与学生生命中永恒的主题。在人性化的课堂上，教师能关注学生之间的个体差异，能用一颗童心来看待学生在学习中所犯的错误，原谅他们的过失，宽容他们的过错。在学生插话时，教师不随意贬低、讽刺他们，而是积极引导；在学生产生懈怠的心理时，教师不急躁、不训斥，而是用期待的眼神、赏识的语言使学生身心舒展，产生安全感、信任感、愉悦感。如此一来，学生学习的激情得以迸发，智慧的火花得以点燃，探究的热情得以激扬，他们会以更加昂扬的姿态迎接学习中一个又一个新的挑战。在人性化的课堂上，教师善于运用激励性的教学语言帮助学生树立信心，在学生遇到困难时说一声“别急，再想一想”，道一句“谁来帮一帮”，使学生在学习中始终拥有一种幸福感和满足感，使课堂最终成为教师与学生相互促进、同步互动、共同成长的乐园。

2. 一节好课是教师个性化教学风格的体现

在新课程下，教师是课程的研究者、开发者与实施者，是教学活动的主体，有主动诠释课程、开发课程的能力。教师的教学智慧在课堂上均会得到淋漓尽致的展现。不再是千人一面，而是百花齐放、各显神通。同样的教学内容，有经验的、善于将教学实践与教学理念相结合的教师，能从新的理念、新的标准的变革中搭建新教法、新学法、新课堂的桥梁，在教学上积极探索，创造性地理解和使用教材；能积极设计符合新课改精神的教学方式，帮助学生理解知识的多样性并进行有效的学习；能积极构建合理的、多样的、精彩纷呈的教学模式，建立科学的教学评价方式，让学生自主合作探究，提高学生的实际生活能力，使学生会学、善学、乐学，为学生的一生发展奠基。

在新课程的课堂上，我们会看到，教师是“善教”的——善于用幽默、诙谐的语言引领学生走向知识的殿堂；善于使用体态语言，让鼓励的目光、会意的微笑、亲切的手势、得体的身体语言来调动学生的学习积极性；善于驾驭课堂，巧于释疑、点拨。同时，教师既能注意教学目标的预设性，又能关注学生在课堂上生成的问题，并巧用这些教学资源激发学生学习的内驱力，引导他们自主探究，促进他们更快、更好地成长。

3. 一节好课是学生自由发展的学习天地

在新课程的课堂上，一个重要的变化是学生学习方式的变革，这一变革主要是针对以往教学中存在的三“多”三“少”的现象——内容分析多，整体感受少；填鸭灌输多，启发学生少；试题练习多，知识积累少而进行的。在传统的课堂上，教师占主体，学生倒成了客体。而在新课程的课堂中，一个突出的变化，就是强调教师是学生学习活动的组织者和引导者，教师要在教学中充分发挥“导”的作用，要以学生的终身发展、求知需求为主线来设计教学，充分调动教学机智，创设合适的问题空间，积极优化教学活动过程，让学生在此过程中有充分的体验和提高；教师要变革教学策略，还要采用尝试教学、问题教学、分层教学、做中学、小课题长作业等教学方式，促进学生学习方式的变革，让学生在多样的学习方式中建立广阔的智力背景，到“生活”这个广大的学习天地中培养兴趣，最终促进学生综合素质的提高；教师要积极设计富有挑战性的教学任务，留给学生思维的空间，促使学生初步尝试对知识的迁移，并在探究中提出更为复杂的问题；教师要充分调动学生从多角度、多层面讨论问题的积极性，引导学生充分展开高层次的思维过程，进行批判性、反省性地思考，使学习成为教师指导下的、主动的、富有个性的过程，成为学生发现问题、提出问题、解决问题的过程；教师要积极引导学生学会运用学习策略来学习，注重培养学生的独立性和自主性，引导学生质疑、调查、探究，在实践中学习；教师要提高学生的学习参与度，激发学生积极的情感，引导学生经常审视自己对课堂知识的掌握程度，在同伴评价和自我评价中实践、反思自己的学习态度与学习行为，以提高反思力，从而学会监控自己的学习，真正成为自主学习的小主人。如此一来，学生在教师搭建的展示自我的平台中，与教师、同伴进行合作、交流，不断增强学习的自信心，不断挖掘自身潜在的创造力，有了质疑教材、挑战权威的自信，有了当小老师、小主持人的风采，有了与同伴分享学习乐趣的机会……在他们面前展示的是一片广阔的学习天地。只有这样，教学才会真正促进他们的终身发展。

总之，在新课程下，一节好课必须要有新的教学理念作为支撑，有教师个性化教学风格的体现，有学生主动的参与和发展。

三、精彩定位教学目标

新课程改革中，许多年轻教师立足于课堂教学实践，通过磨课进行教学的研究。但是我发现，由于年轻教师对各学段的教学要求的解读不够准确，对教材的研读不够深入，对学生这个教学主体的需要还不够了解，导致教学目标的定位不够到位，出现了情感态度与价值观目标的定位模糊或失误的现象，或存在着教学目标的内容泛化、教学目标形同虚设等现象。

语文课程标准明确指出，教学目标要根据知识与能力、过程与方法、情感态度与价值观三个维度进行科学的设计。也就是说，只有在教学目标的确定上能做到这三个维度的相互渗透，互为一体，同时注重各个学段之间的相互联系，螺旋上升，才能最终达成切实促进学生语文素养整体提高的总目标。

我认为，教学目标是教学的起点和归宿。教师要上好一节课，首先就要对教学目标进行深入的思考与积极的构建，从而对其进行准确的定位，以体现教学目标的层次性和渐进性，以利于教师更好地指导自己的教学行为，确实为教学的提效服务。

那么，如何为教学目标精彩定位呢？我认为，教学目标的精彩定位必须建立在教师对学段特点的准确把握上，建立在教师对教材认真研读的基础上，建立在教师对学生这个主体发展的真正关注上。

1. 把握学段要求

新课程提出要准确定位课堂教学目标。首先，教师在备课时，就要认真研读课程标准，认真解读每个学段对学生知识掌握的要求，因为它是教师在教学中使教学目标中的情感目标、知识目标和能力目标三个维度有机整合与渗透，达成统一，使语文教学的工具性和人文性有所体现的依据。因此，教师在教学中要从整册教材出发，认真研究各单元的训练重点，以有效指导自己对教学目标准确定位。

人教版语文六年级上册第七单元的课文描写的都是“人与动物、动物与动物之间的感情”。本单元的阅读提示中明确指出：学习本组课文，要注意体会课文表达的感情，并揣摩作者是如何把人与动物、动物与动物之间的感情写真实、写具体的。在教学《老人与海鸥》这篇课文时，教师要从高学段阅读教学的要求入手，结合阅读提示的要求，认真制订较为恰当的教学目标，可以制订出“培养学生抓住关键词句，体会词句含义的能力，理解课文的思想内容，感受老人爱海鸥的情感，进而体会到人与动物要和谐相处”的情感与能力目标。为了更好地帮助学生理解老人与海鸥的深情，教师在教学中要紧紧把握“感受老人爱海鸥的情感”这个情感目标作为教学的重点和突破点，引导学生抓住文中细腻描写老人语言和行为的句子，采取填补空白、展开想象的教学方法，引领学生对文本进行充分的研读，品味、感悟文本语言的优美，从而感悟老人与海鸥的深情，提高学生的审美能力。比如，教师可以引导学生抓住文中老人喂海鸥吃“饼干丁”等细节，体会老人对海鸥的爱心；又如，可以抓住“在海鸥的鸣叫声里，老人抑扬顿挫地唱着什么。侧耳细听，原来是亲昵得变了调的地方话——‘独脚’‘灰头’‘红嘴’‘老沙’‘公主’……”这句话，启发学生展开想象：老人会对“独脚”“灰头”“红嘴”“老沙”“公主”这些朋友说什么？学生在想象中就会进一步体会到老人与海鸥的亲昵，从而读懂“朋友告诉我，十多年了，一到冬天，老人每天必来，和海鸥就像亲人一样”这句话的内涵，在想象中感悟与品读到人与动物和谐相处的动人情景。最后，教师还可以引导学生想象：你知道老人在企盼什么吗？他仅仅是在呼唤人们保护海鸥吗？引导学生在想象中超越文本，体会到只有人类与动物和谐相处，世界才会更加美好。这样，由于教学情感目标的准确定位，使得课堂上不仅仅是语文味浓郁，而且是情感味浓厚。

在教学人教版语文五年级下册的《小嘎子和胖墩儿比赛摔跤》这篇课文时，教师首先要了解这是本册教材第七组课文中的一篇。在本组教材的编写上，编者的意图是让学生感受作家笔下鲜活的人物形象，体会作家描写人物的方法，并学会运用。那么，从高年段学生已有的学习经验出发，该如何对本课教学目标进行定位？课时又该如何更好地划分呢？通过认真研读不难发现，这篇课文富有儿童情趣，因此编者把它作为本组教材的开篇，为引导学生品词析句，体会作者对人物的描写方法及学好本组下面的两篇课文，学会在自己的习作中加以运用打下坚实的基础。为此，在教学中，教师针对学段特点和文本特点，可以确定“感受鲜活的人物形象，体会作者的写作方法”这个教学目标。课一开始，教师就要明确告诉学生：“今天学习这篇课文，就是要走进文本感受鲜活的人物形象，体会作者的写作方法。”教学中，教师可以抓住“怎样的小嘎子和怎样的胖墩儿”这条教学的主线展开教学，让学生先看题猜一猜课文写的是“（　　）的小嘎子和（　　）的胖墩儿”，接着让学生到文本中去细细品读，想想课文写的是“（　　）的小嘎子和（　　）的胖墩儿”，最后再通过朗读指导，引导学生感悟“这是（　　）的小嘎子和（　　）的胖墩儿”。在教学目标的引领下，教师进行层层剥笋似的教学，学生也逐步深入走进文本，对作者笔下这两个呼之欲出的人物形象有了更进一步的认识。

2. 认真研读教材

在教学中，教师对文本的解读准确、到位，才能真正实现引导学生进行知识点的有机训练、促进师生课堂对话更具有实效性的目标，也才能确实发挥教材在教学中的最大功效。在语文课程标准中，特别强调在教学中要体现包括思想性在内的人文教育目标，即培养学生高尚的道德情操和健康的审美情趣，形成正确的价值观和积极的人生态度，是语文教学的重要内容，不应把它们当作外在的、附加的任务，而应该注重熏陶感染、潜移默化，把这些内容贯穿于日常的教学过程之中。因此，教师要认真研读教材，深入挖掘教材中的内涵，确定正确的情感目标，积极抓住文本中表达的精彩点和情感点，积极引导学生走进文本，体会文本所蕴含的情感。

如人教版语文二年级下册中的《三个儿子》，这篇课文语言生动、形象，浅显的文字中包含着朴素而深刻的道理。教师在认真地对文本进行独特的审视与解读后，对单元的教学目标“引导学生感受爱、思考爱、回报爱”进行思考，把本课的情感教学目标确定为“使学生知道孝顺父母就是在妈妈需要的时候尽自己的力量去帮助妈妈”。在确定了较为准确的情感目标后，教师紧紧围绕教学目标设计相应的教学过程。先让学生仔细看插图，观察三个妈妈提水时的动作和表情，说说“你看到了什么”。接着顺势引导学生通过朗读课文，在角色扮演中进一步想象：“如果你是妈妈，当你的儿子提过水桶时，你有什么样的感受呢?”以这个问题引导学生体会到妈妈此时的需要。最后紧扣“为什么老爷爷说他好像只看见一个儿子”这个问题引导学生进行讨论，学生先是读懂了三个儿子面对妈妈拎着水桶走来时，力气大的只顾翻跟头，嗓子好的只顾唱歌，都没看到妈妈手中的水桶，第三个儿子却默默地接过妈妈手中的桶，继而在对文本的积极思考与讨论中受到感染和教育。学生从三个儿子不同的表现与对比中体会到真正爱妈妈的孩子是懂得心疼妈妈，懂得在妈妈需要时应尽自己的力量帮助妈妈。在教学的最后，教师再根据单元训练重点，进行教学拓展与延伸："小朋友们，三八妇女节要到了，让我们一起用实际行动回报妈妈的爱吧!"

在本课教学中，教师对文本的解读比较到位，教学目标的确定比较科学，并积极引领学生深入思考，使学生从文本里品出情感，懂得了怎样做才是真正地爱妈妈，懂得了爱是相互的，真正实现了教材的示范作用，顺利突破了教学情感目标。

3. 关注主体发展

学生是教学的主体，为达到语文教学真正促进学生发展的教学目标，教师就要顺应学生学习的需要，在备课时，要以学定教，依照学段的特点和文本的特点，根据每个学段学生的认知规律和获取知识的思维过程，把教学思路与学生的学习思路结合起来。同时，教师要关注学生的发展，善于因学情的不同，对教学目标进行准确定位；还要充分认识到学生的需要是教学的出发点和目的，学生读不懂的地方正是教师需要点拨、突破的重难点。教师要针对学生学习中可能遇到的难点和困惑点，确立较为科学、有效的教学目标，有的放矢地引导学生进行感悟，以促进学生主体的发展。

如在人教版语文六年级下册《凡卡》一课的教学中，教师在备课中事先预设到，由于文本的时代背景离学生的实际生活较为遥远，学生在理解凡卡这个旧俄沙皇统治下穷苦孩子的悲惨生活是比较难的，因此，教师在研读教材后确定了这样的教学目标：通过引导学生抓住描写凡卡神态、动作与联想的句子来了解凡卡的内心，体会凡卡所遭受的苦难。在教学中，教师在教学目标的指引下，紧紧抓住"我的生活没有指望了，连狗也不如！……"这句如珍珠一样把作者的情感深藏于文中，写出了凡卡对不合理的社会制度的控诉的句子，把它作为一条情感的主线，带领学生直奔反映文章主旨内容的段落，即凡卡写的信中体现生活悲惨和内心痛苦的第 8、10、15 自然段，引导学生自读自悟，想想"文中哪些句子和词语可以让你感受到凡卡受尽折磨"，引导学生领悟作者在文中所采用的用对比、反衬、暗示的表达方法来描写凡卡非人生活的写法。最后通过指导学生有感情地朗读凡卡写信的内容以及描写他的神态、动作、联想的段落，深入凡卡的内心，体会文章表达的思想感情。学生在读、思、议中对文本进行多角度、多方位的理解，他们在“我的生活没有指望了，连狗也不如！……”这条情感线的牵引下，情感的闸门得以打开，心灵得以触动，他们深深感受到凡卡学徒生活的悲惨及其内心的痛苦，更懂得要珍惜今天的幸福生活，本课的情感目标也得以顺利突破。

又如人教版语文四年级下册中的《乡下人家》，这篇课文的作者紧扣“独特、迷人”这两个关键词语，以最为朴素的文字，向学生展示了乡下人家富有特色的美景。但对城市的孩子来说，要理解乡下人家的迷人、独特之处，体会乡村生活的自然亲切和优美恬静，感受乡村生活的美好和乐趣是有困难的。教师在课前可以针对学生的学情，把教学目标确定为“了解课文内容，走进乡下人家，感受田园诗情，激发学生对乡村生活的兴趣和热爱”。也就是说，只要学生能在对文本的品读、感悟中对乡下人家有个初步的了解，并产生对乡村生活的热爱就可以了。为此，教师在教学中抓住这篇课文的中心句“乡下人家，不论什么时候，不论什么季节，都有一道独特、迷人的风景”，引导学生从文本中找到描写乡下人家独特、迷人之处的有关句段，结合自己的生活实际，说说“你所了解到的乡下生活是怎样的？课文所描写的乡下生活又是怎么迷人、独特的？然后在书的旁边写一写自己的感受，再美美地读一读有关的句段”。学生在亲近文本时顺着这条情感线，抓住文中的关键词句进行品读，如抓住了文本中描写瓜藤爬檐的一段：“青、红的瓜，碧绿的藤和叶，构成了一道别有风趣的装饰，比那高楼门前蹲着一对石狮子或是竖着两根大旗杆，可爱多了。”或“天边的红霞，向晚的微风，头上飞过的归巢的鸟儿，都是他们的好友，它们和乡下人家一起，绘成了一幅自然、和谐的田园风景画。”……这些优美的句段与教师出示的有关乡村生活的鲜活的图片相结合，使学生在自己的脑海中渐渐勾画出美丽的乡村生活情景图。

这样，学生在文本中真正走个来回，感悟到乡下人家在任何时候，在任何季节都有着自己独特的、吸引人的美丽风景。他们也悄然走进乡村生活，真正体会到乡村的独特与迷人之处，领略它那份独特的美，深刻感受乡下人家的淳朴与可爱。

四、正确运用现代信息技术

《教育部关于在中小学普及信息技术教育的通知》中强调，信息技术是教学手段之一，它将促使中小学教学方式的根本性变革，在各学科教学中，都应广泛地应用信息技术辅助教学。但是怎样利用计算机、多媒体技术和网络资源，让其在创设教学情境，提供替代经验，收集、处理和利用信息，引导学生动手操作设计，强化学生的自主反馈与调节，激发学生的创造意识和探索精神等方面发挥更大的作用呢？这就是新课程给我们提出的一个重要的课题。我认为，在信息技术的运用过程中，要注意两个问题。

1. 忌“安于现状”，要“未雨绸缪”

现代信息技术应用于教育，弥补了传统教育的不足，改变了传统的知识存储、传播和提取方式，引起了教育的新变革，给现代教学带来了生机和活力，对教育事业的发展产生了深刻的影响。因此，教师要致力于科学、有效地应用现代信息技术，实现教学目标的最优化。但综观有些学校，在信息技术的应用上，只是将其作为学校的门面或是花架子，表现在：平时学校仍以传统的教学模式进行教学，教学过程中主要凭教师的一张嘴和一支粉笔，一旦有外校的教师或分管教育的领导来校听课，就抓紧突击，对学生进行上机训练，然后堂而皇之地“端”出所谓基于网络环境下的人机交互的课。试想，这种出于应付检查的心态而设计出的课，没有实实在在的训练做基础，学生焉能真正受益无穷？

我认为，为了教学平台的更好建设和学生的终身发展，学校不能安于现状，而要未雨绸缪，在各科教学中要构建体现学生主体作用的学习方式，将教给学生学会应用现代技术查找资料、处理信息作为教学的必需和学生终身发展的必需，让学生真正受益一辈子；要努力实现教学管理自动化，认真制订一个比较科学、妥善的教学管理方案，在教学和管理中广泛运用学校配置的计算机和网络资源，积极开展多媒体教学、计算机辅助教学，建设真正意义上的网络学习、交流平台，创设一种信息互相协作的环境，并根据学校的实际（有条件的学校要从低年级起步），积极指导学生学会上机操作，始终将学生置于一个信息技术的学习环境中，真正促进学生发展。

2. 忌“东施效颦”，要“为我所用”

华南师范大学的李克东教授指出，信息技术与课程整合是指在课程教学过程中把信息技术、信息资源、信息方法、人力资源和课程内容有机结合，共同完成课程教学任务的一种新型的教学方式。这种思想包括三个基本点：（1）要在以多媒体和网络为基础的信息化环境中实施课程教学活动。（2）对课程教学内容进行信息化处理后成为学习者的学习资源。（3）利用信息加工工具让学生重构知识。这就要求教师在教学中，要充分发挥现代信息技术的强大优势，根据学科特点和学生实际，对现代信息技术进行合理选择和优化组合，以实现教学过程的个性化和学习活动的自主化；要让学生在动手操作、合作探究等学习活动中，动态地、科学地掌握每个知识点，构建知识的意义，以解决教育教学问题。但在目前的信息技术运用中，还存在着这样的现状：有的教师听了公开课或观摩课后，就置班级实际、学生学情于不顾，而一味采取“拿来主义”，将别人制作的课件作为课堂教学的“装饰”，或一味仿效他人的做法，应用多媒体技术，制作网页。这种纯粹将现代化教学手段的运用作为教学的点缀，游离于学情、贴标签式的做法，其教学效果当然不尽如人意。因为学生知识的构建还有赖于学生既有知识和直接经验的支撑，有赖于信息技术应用的合理性与科学性，有赖于教师个人对教材创造性的设计。

看来，要让信息技术真正成为学生的学习资源，教师就要着眼于多种媒体组合技术、计算机多媒体技术与计算机网络技术的设计、开发与综合应用，要因地制宜地设计符合班级实际、学生学情的课件，建设网络教学平台，并使之为我所用。因为学生的直接经验是各不相同的，它必然决定教师的教学设计、为突破难点而运用的多媒体技术和网络资源也要因时、因课、因生而变。例如，在学习字词的字音、字义时，教师要针对本班学生的实际困难，出示相关的字词帮助学生解决字音、字义上的难点；又如，学生由于生长、生活的地方不同，各自的生活经验也相差甚远，对语言文字的感悟、体验自然不同，如学习有关“雪”的文章，北方的学生对雪已有一定的直接经验，教师只要借助课件，帮助学生进一步感悟语言文字的优美即可；而学习“水”的文章，山区的学生在这方面的直接经验不足，教师最好能利用网络教学平台，以优美的画面（视频、图片等）或链接相关的资料，使学生置身于其中，帮助学生突破直接经验上的盲点，有效地激发学生的学习兴趣，优化学生的自主学习，这样信息技术才能凸显其在教学中的地位。

在现代信息技术条件下，真实世界和虚拟世界可以实现无缝对接，电脑、网络等成为学生学习的手段之一。学生可以通过各种现代化手段和媒介获得信息，进行思考活动，从而使学生的学习方式得到进一步的丰富，教学领域也因此得以无限延伸。因此，要使现代信息技术更有效地服务于教学，成为学生取之不尽、用之不竭的学习资源，促进学生的终身发展，教师切忌急功近利，在教学中要紧扣优化实现教学目标这一中心，从学生的认知规律出发，选择恰当的教学方式，积极唤醒学生的学习期待，还要充分应用信息技术进行网络资源建设，将网络上新的知识信息与课本上的知识信息有机结合起来，指导学生利用信息技术来检查、分析、收集、处理相关资料，让学生在真正领略现代信息技术所带来的无穷魅力的同时，不断提高信息素养。

第四章 师爱，是一种研究

在教学实践中，教师要养成一种研究的意识和能力，成为研究者，学会深入研究教学，这是对教育实践的一种再认识与再思考，也是教师自身专业成长的有效途径。教师应在探寻中研究教学，进行教育理论与教学实践的真正对话，把学到的知识用于实践中，多钻研，多思考，不断充实自己，让自身的专业水平与内在素养得到提升。

在教学实践中，教师要养成一种研究的意识和能力，成为研究者，学会深入研究教学，这是对教育实践的一种再认识与再思考，也是教师自身专业成长的有效途径。教师应在探寻中研究教学，进行教育理论与教学实践的真正对话，把学到的知识用于实践中，多钻研，多思考，不断充实自己，只有这样，才能积极思索教学的本质，更新教育理念，反思教育行为，让课堂愈加出彩，让自身的专业水平与内在素养得到提升。

第一节　科研——成长的必需

有人曾这样说："只教学不搞科研的教师，其教学是肤浅的；只搞科研不教学的教师，其科研是空洞的。"也就是说，教育科研能使教师在行走的路上既仰望星空，又脚踏实地。

苏霍姆林斯基也曾这样说道："如果你想让教师的劳动能够给教师带来乐趣，使天天上课不至于变成一种单调乏味的义务，那你就应当引导每一位教师走上从事研究的这条幸福的道路上来。"

一、如何开展课题研究

课题研究不应只是一种模式、一种方式、一种风格，教育的专业写作必须寻找到更适合教师职业特点和需要的表达方式。国家基础教育课程改革如火如荼，课题研究正在悄悄地改变着教育生活，推动着教育改革更好地向前发展。我们欣喜地看到，课题研究激发了学生学习的主动性，提高了他们独立思考、解决问题的能力和动手实践的能力，培养了他们的创新精神；课题研究也成为教师专业成长的快车道，使教师的教学观念、教学行为和专业素质发生了可喜的变化，促进了教师自身科研水平的提高，许多教师正逐步向研究型的教师转变；课题研究更使许多参与课题实验的学校结出了丰硕的教育教学成果。

作为一线教师，我也参加过校级以上科研课题的研究，在参与课题研究过程中，我深刻感受到开展课题研究给一线教师带来的好处。刚开始我感觉困难重重，但是投入其中后，它让我的课堂具有更浓烈的语文味；它让我更深地感受到教学的乐趣……一线教师在课题研究中会遭遇到很多的困惑，面对大而宽的科研课题，常常觉得心有余而力不足。有人认为搞课题研究是专家或领导的事；也有人把课题研究看得很神秘，觉得课题研究的门槛太高了；还有人觉得课题研究需要理论支撑，自己平时没时间专门去读教育理论书籍，理论较匮乏，因而自己能上好课、管好班级就是一个称职的教师了。另外，我们还看到，现在在课题研究上还缺乏教师的全员参与，有许多立项的市级、省级课题往往把普通的一线教师拒之门外，只有一部分教师关起门来做研究。有时候，一项课题的研究刚启动，尚未很好实施，就急忙结题，使课题研究成为假课题、花架子。还有些实验薄弱校在课题研究方面显得力不从心，急需扶持。那么，如何使课题研究取得更大的实效性？我认为可以采取以下相应的策略来改变现状。

1. 课题研究的选题应从教师中来

课题研究不应该曲高和寡、高不可攀，因为课题研究是教师从事教学研究、寻找教学规律、更好实现教学目标的一个有利的举措。学校是课题研究的主战场，课题研究与教学不应是“两张皮”，学校与教研室要积极引导教师紧密结合学科教学开展研究，以课题实验为途径，以课堂为实验基地，在研究中提高教育教学的效果。

在课题研究中，我们要改变以往的做法，大刀阔斧地除去与教师的教育教学没有多大关系的比较陌生和抽象的科研课题，教师喜欢进行的是实实在在的、对自己的教育教学有实质性帮助的研究课题；要积极确立“问题即课题，行动即研究”的思想，鼓励教师在平常的教学中进行思考，探究教学中的实际问题，在对问题本身做调查和分析的基础上，在主动学习有关的教育教学理论的前提下，确定研究问题、研究角度与研究思路，改进教学方法，提高教学质量。课题研究的选题不宜宽而大，而应是教师真正急需解决的、令他们困惑的教学问题。只有从教师中来，从教学中来，课题研究才具有价值。比如，可以进行“在新课程下如何真正实现减负”“如何对后进生进行帮助”“如何真正提高课堂40分钟的效率”“识字教学怎样与生活有机联系”等课题的研究。学校要使课题研究落到实处，最大限度地发挥课题研究的作用，就要根据学校的实际，量体裁衣，量力而行。教师在教学中也要养成良好的反思习惯，通过学习，不断更新观念，促进反思，提高素质，不断增强课程改革的意识，提高课程改革的能力。这样，才会出现百花齐放、遍地开花的课题研究景象。

2. 课题研究应激发教师参与的热情

教育科研要成为源源不断、汩汩流淌的一涌“活水”，就要依靠所有的教师共同参与。因为教师是课题研究的主体。在课题研究中，首先要提倡和鼓励每位教师以满腔热情参与到研究中来。教师的教学任务非常繁重，几乎无暇进行课题研究，学校领导要充分激发教师的参与热情，让教师明白参加课题研究不仅能树立学校品牌、提高学生的能力，更是教师自身成长的需要，是现代型教师必备的素质；要积极鼓励教师人人参与，把课题研究与教育教学紧密地结合起来，为学校的教育研究注入新鲜的血液，使学校充满发展的潜力。学校要建立各种激励机制，调动教师的积极性，如创设宽松的、充满人文气息的科研环境，鼓励教师之间的合作、探讨，广泛开展科研交流活动；加强与兄弟校、“手拉手”学校的联系，扩大影响，为教师创造成功的机会；要积极给教师提供外出学习的机会，使教师有机会接触新的东西，不断提高理论水平；要做好教师教育科研档案资料管理工作，并以此为依据，开展“课改积极分子”“先进教研组”的评比活动，积极肯定那些认真参与课题研究且成果显著的教师和群体。这些做法都能有效地激发教师投身教育科研的积极性、主动性，使课题研究取得成功。

3. 课题研究应具有普及性

课题研究的目的是为了促进教学的发展，使一线教师受益，使广大学生受益。现在许多一线教师觉得课题只是一部分人受益，因为它只在局部范围内推广。我觉得，课题研究的成果不是几场专题讲座、几次专题观摩课、几个展板就可以推行的。在成果推广上，要加强理论的宣传，加强指导，加大校际之间的交流，使各校的教研、科研得到均衡发展。市、区教研员还要积极检查、督促，经常蹲点，指导学校的课改实验，特别是要加强对实验薄弱校、私立学校、民办学校的指导。这些学校往往苦于没有强有力的指导，教学质量上不去。只有加强对这些学校的扶持与指导，才能真正使所有学校、所有教师、所有学生真正受益，才能借助课改缩小各校之间的差异，促进一切学生全方面的发展。

二、课题研究促进成长

吕叔湘说过："语文教学一半是科学，一半是艺术。"乌申斯基也这样说道："不论教育者怎样地研究了教育理论，如果他没有教育机智，不可能成为一个优秀的教育实践者。"

我在多年的语文教学工作中坚持"在行动中研究，在研究中提高"的做法，通过多角度地思辨，使自己能活用语文教学策略，启迪语文教育智慧，不断提高自己的科研能力。我立足岗位，积极参与磨课，在磨课中不断研究、反思教学，不断提升自己的教学能力，逐步形成自己的教学特色。我将科研与平时的教学工作紧密结合，在教学中充分利用教材，紧密联系学生的生活实际，采用生动活泼、形式多样的教学形式，运用生动、可行的教学方法，积极创设情境，引导学生入情入境，激发学生的学习兴趣，调动学生的多种感官，开发学生的智能，激发学生的想象，促进学生对文本的感悟与理解。我结合厦门市"小学语文学科评价"和自身确定的"低年级学生想象力的培养"课题进行科研，用评价来检验和改进学生的学习和教师的教学，在实验中树立"促进学生发展"这种新的评价理念，做到评价时"着眼整体，注重实践；分散分项，形式多样；尊重差异，促进发展"。我积极指导语文教研组教师参与课题研究，探讨学科评价的可操作性，诠释新理念，构建新课堂，改善课程设计，完善教学过程，使评价成为促进学生发展的指挥棒。我勤写教学心得，随时把磨课和平时的上课心得作为课题研究的素材，随时记录自己的教学反思，不断提高自己的研究能力。在教学实践中，我认真学习名师的成功做法，丰富自己的课堂教学经验，使自己的教学能力得到提升，逐渐建立了“走向生本”的现代教育观和“师生合作学习”的教学观。

我深知，课题研究是提高教师素质、提升教学质量的有效途径。教师只有在课题研究中具有不断发现问题的能力，具有对教育教学现状的敏锐观察力，才能不断解决问题，不断调整自我，成为反思的实践者，促进自身教学反思能力的迅速增强。

第二节 行动——探寻的足迹

科研，重在实践，它能给予我们探寻的快乐。它是一种态度，是一种境界，更是一种能力。

我在走上讲台后，除了勤奋刻苦地教学，不断钻研教材，不断磨课历练，最大的收获就是牵手科研，幸福成长。课题研究激发了我的研究热情，促使我在平时的教育教学中更加用心，激励我更主动地学习有关理论，不断提高自己的理论水平。在课题研究中，我学会发现问题，在教育教学实践中养成研究的意识和能力；学会去研究教育、研究教学，在研究中，积极思索教育、教学的本质，从而更新教育理念、反思教育行为，让课堂愈加精彩，让自身的素养得到提升。进行课题研究是对教育实践的一种再认识与再思考，也是教师自身专业成长的有效途径。可以说，是教育科研促使我走上了专业发展的高速路，实现了从一个普通教师到学科带头人的转变。

为了确保课题研究取得最大的实效，我始终把自己作为研究的主体，把课题研究与自己的教育教学紧密结合起来。在课题研究中，我能积极确立“问题即课题，行动即研究”的思想，根据班级学生的实际，根据学校德育工作实际，以课堂为实验基地，在教学实践中静下心来研究，养成了良好的反思品质，逐步形成了敏锐的洞察力，并做到了“三勤”，即勤于实践、勤于反思、勤于笔耕。在理论的引领、实践的示范、过程的展示、阶段的小结中，我扎扎实实地走好每一步，有效地推动了教学工作，取得了很好的效果。

一、词语教学研究感悟

词和句是构成所有文章的“砖瓦”，是文章的基本单位，没有对词句的理解和把握，就没有对篇章乃至整部作品的理解。因此，只有了解了课文中词句的意思，才能读懂文章内容。尤其对于低年级的阅读教学来说，理解词句是最重要、最基础的目标和要求。在阅读教学实践中，我确定了“提高学生字词解读能力初探”小课题的研究。在教学中，我积极创设教学情境，指导学生在语境中学习抓住课文中的重点词句进行理解，并在理解词义句意的基础上，进一步了解词句在课文中的地位和作用，了解词语、句子与课文内容的内在联系，体会作者选词造句的用意，体味这些词句在表达上的准确、优美、形象，进而理解课文。同时，在理解词和句的基础上，重视词和句的积累与运用，指导学生积累课文中的优美词语、精彩句段，以及在课外阅读和生活中获得的语言材料，逐步培养学生正确运用语言文字的能力和良好的语言习惯，使学生感受、理解、积累和运用语言文字的能力得到提高。在中年级，我继续延续词句教学的研究，认为词句教学的目标有两层：第一层是理解词义句意，第二层是品味词句。即在理解词义句意的基础上，一方面，让学生进一步理解词句在课文中的地位和作用，理解词语、句子与课文内容的内在联系，体会作者选词造句的用意；另一方面，让学生体味这些词句在表达上的准确、优美、形象，真正落实词句教学目标常用的方法有查字典、联系上下文等。在教学中，我进行理解词句学习方法的探究，强调在语境中学习词句、理解词句。

同时，我参加了福建省特级教师协会的规划课题“培养小学生语文能力的探究”的子课题“赏析重点词句的创新型教学模式探究”的课题研究。作为本课题研究的组长，在研究前，我先分析当前阅读教学的现状：由于学生知识经验不足，认识水平较低，对文中的重点词语和句子的理解往往只是浅尝辄止，停留在肤浅和表面的层次上，而有些教师在阅读教学中尚停留在只注意联系课文内容解词。针对这种情况，我认真制订了本课题的研究方案，在方案中提出了在阅读教学中，教师要积极引导学生对文本中的重点词语和句子进行赏析，即引导学生从重点词句着手，运用一定的方法，品其精髓、精妙、作用和深意，从而走进文本，读懂文本中的情感，以提高阅读教学的有效性，让词句教学走向智慧，让智慧在词句教学中流淌。

那么，该如何引导学生学会赏析重点词语和句子呢？这是阅读教学的重点与难点。新课程标准对此做了明确的要求，要求第一学段要引导学生"能结合上下文和生活实际了解课文中词句的意思，在阅读中积累词语"，第二学段要"能联系上下文，理解词句的意思，体会课文中关键词句表达情意的作用"，第三学段则是"能联系上下文和自己的积累，推想课文中有关词句的意思，辨别词语的感情色彩，体会其表达效果"。为此，我带领课题组的老师们，立足自己的课堂，积极进行赏析重点词句的课堂教学模式的实践研究，采用行动研究法，边实践边总结边研究，通过对课堂的观察，在课堂情境中收集了许多有价值的资料，并将这些资料进行了分析、研究，从而总结出了有益的经验，不断探索创新型的教学模式，以优化课堂教学结构，切实引导学生在语文课中品词析句、咬文嚼字，有效提高了学生的语文综合能力。

在课题研究中，我和课题组老师紧密结合自己的教学实践，认真解读文本，本着"淡化篇章、强化词句"的教学原则，努力探索，积极实践，积极找准文本中词句赏析的切入点，运用一定的教学模式来真正落实对重点词句的赏析与品悟。即能在认真解读关键词句在文本中的内涵，品悟文本中的关键词句的情感内涵的基础上，抓准其在文本中所处的关键点、与上下文的联系点以及在文本中的情感点，借助课堂的生成点及学生的困惑点，适时点拨，培养学生的词句赏析能力，不断提高学生的词句解读能力，帮助学生理解含义比较深的词句在课文中的意义和对于表达思想感情的作用，使学生在教师的启发、诱导和激励下，初步学会用心思考语言文字的内涵，咀嚼语言文字的滋味，体验语言文字中蕴含的思想感情。在重点词句的赏析中，虽说“教无定法”，但还是“有法可依”的。在本课题的实践探索中，我归纳出赏析重点词句常用的六种方法与具有学段特点的、富有创新意义的三种教学模式。

1. 赏析重点词句的常用方法

（1）上勾下连法

以文解词，借助文本内容之间的关联，紧密联系上下文，将所要理解的重点词语和句子的理解置于一定的语言环境中，使知识点化难为易、变抽象为形象，这样学生才能深刻理解作者的意图，把握文章的中心。

（2）联系生活法

激活学生的生活经验，调动他们用已有的感性知识去感受语意，在情感体验中启发形象思维，获得丰富的内心感受，从而形成对词语的直觉程度和敏感性，促使学生感知词汇的内在含义和丰富的情感内涵。

（3）情感体验法

借助图画、实物、视频等方法，积极创设教学情境，引导学生入境动情，积极参与实践体验，体会词句的内涵，品悟词句的意思，走进文本的意境。

（4）比较辨析法

采取比较、辨析的方法，帮助学生辨析词语在词义上的轻重、内涵、情感色彩的不同，感受文本用词的准确和写法的生动，使得这些词语在学生的头脑中日渐形象可感，从而达到理解、掌握、运用词语的目的。

（5）想象感知法

用图画、板画、录像、音乐、动作及语言文字绘声绘色的描述等形式再现美，以调动学生的多种感官，让他们多方面、多角度地感知词语，再引导学生通过品读、赏析词语，对文本进行补白，想象文中意犹未尽、不可言喻的美，帮助学生在感悟词语中进行理解，在想象中生发情感，以走进文本描绘的意境，咀嚼出词语所具有的独特韵味，领略到词语所蕴含的丰富情感，让抽象的语言文字符号变成具体形象的画面，培养学生的语感，使他们深刻理解词句。

（6）感悟朗读法

引导学生通过反复吟咏，体会词句的含义，读出词句所蕴含的情感和趣味，进一步读懂文章内容。

当然，赏析重点词句的方法还有很多，并且上述的这六种方法在阅读教学中的运用也不是截然分开的，我校课题组老师为了提高教学实效，经常会两种、三种方法综合运用。

2. 各学段赏析重点词句的模式

教学模式的研究是教学研究方法论上的一种革新。我进一步对本课题研究做了界定，即赏析重点词句时主要抓住两个方面——形式和内容，扎实地引导学生欣赏文字在表达形式上的优美之处，再分析其内容在表情达意、在文中的意义所在。根据新课程标准中对各学段词句教学的要求，积极探索赏析重点词句教学模式的构成要素及其特征，积极构建自学、自主、自由的课堂，优化教学过程，提高学生词句的解读能力，培养学生的语文能力。可以说，是课题研究促进了我校赏析重点词句课堂教学模式的构建。

（1）低年段创新型教学模式：情境创设—理解词语—朗读体会—尝试表达

低年级是培养学生阅读能力的起始阶段，词句教学尤为重要。语文课程标准在第一学段教学目标中明确提出，“借助读物中的图画阅读”“结合上下文和生活实际了解课文中词句的意思”，由此可见小学低年级词句赏析的重要性。承担第一学段“赏析重点词句的创新型教学模式探究”的课题组成员在阅读教学中，始终注重重点词语和句子的教学，针对低年级学生的思维具体形象的特点，运用多种直观有效的手段，创设情境，通过生动、直观的画面，化静为动，化虚为实，变无声为有声，尽可能地启发和调动学生在生活实践中获得真实的经验，使学生把语言放在具体的语境中领悟词义，调动学生的形象思维去理解词语、品味词语，这样走进学生视野的就不再是静止的平面符号，而是一个可视可感的场景，也激发了学生学习的兴趣。在重点词句的赏析中，还可引导学生通过深情朗读、理解体验，尝试口语表达，让文本所描绘的画面形象逼真地展现在学生眼前，让意境在学生脑海中浮现，从而使学生从中感受语言的精妙，体会词句所表达的情感。

（2）中年段创新型教学模式：联系文本与生活—赏析词句—朗读体会—积累运用

中年级要落实词句训练的基本要求，扎实进行训练，尤其是要注重引导学生进行重点词句的积累。重点词句的积累与运用，关键在于教师的引导，教师引导得法，会使学生养成主动积累的习惯，终身受益。正如叶圣陶先生所说的，“应当教给学生学习的方法，而不是长期详细地灌输书本知识。”，真正达到叶圣陶先生说的“教是为了不教”的目的。教学中，教师可以调动学生的多方感官体验，让词语在学生脑海里形成丰满、立体的概念，帮助学生理解、感悟、积累、运用。因此，承担第二学段赏析重点词句的创新型教学模式探究”的课题组成员在阅读教学中，先是抓住词语与句子赏析的切入点，注重引导学生联系文本与自己的生活体验，赏析重点词句，在对重点词句的深入品味中，引起情感上的共鸣。接着在理解的基础上，通过朗读，让学生体会词句的深刻内涵和精妙之处，“使其言皆若出自吾之口，使其意皆若出自吾之心”。最后通过背诵、摘抄等形式，积累文中的优美词语、精彩句段，养成积累词句的习惯。

可见，词语的积累与运用对学生真切感受作家笔下鲜活的人物形象、体会作家描写人物的方法发挥了更大的作用。注重通过更加生动和灵活的教学方式，促使学生在潜移默化中逐渐提高对词语的理解能力，慢慢地增强语感；在不断学习新词的同时，也注意加强对之前所学词语的巩固，让学生不断地积累词语，指导学生根据不同的语言环境灵活地使用词语。只有这样循序渐进，才能使学生不断提高运用语言文字的能力，进而提高其写作水平和口语交际的能力。我们坚信，只要坚持不懈地进行“咬文嚼字”，定能使学生走进文字深层，嚼出语言的真味。

（3）高年段创新型教学模式：自主理解—赏析品味—朗读感悟—迁移拓展

在高年段的词句赏析中，承担第三学段的“赏析重点词句的创新型教学模式探究”的课题组成员则积极构建一种开放性的教学活动，以“感悟—积累”作为赏析重点词句的教学主线。教师积极启发和调动学生学会运用一定的方法，根据不同词语的特性和句子对理解文章所起的关键性作用，在自主的阅读实践中对课文中重要词语、句子进行咀嚼、品味和感悟，尤其是引导学生把语言放在具体的语境中领悟词义，把自己当作课文中的人物去感受，去体验，去思考，去感悟，然后再引导学生入境入情地读，从而揣摩品味、领悟欣赏词句的意义、情味和表达技巧，最后将词句进行迁移运用，让词句融入自己的精神生活。

在高年段的词句赏析中，教师更重要的是要创设“语用”情境，适时进行文本的拓展与延伸，使词语成为学生头脑仓库中的内存，成为学生言语表现的鲜活元素，以积极培养学生的语言表达能力。看来，在高年段的阅读教学中，要让学生在赏析重点词句的同时也能将其内化为自己的知识体系，学生就要真正成为学习的主人，主动进行探究式的学习，在多层面的理解、感悟中丰富词语内涵，恰当运用词语。

低、中、高三个年段赏析重点词句的创新型教学模式的建立，对于促进各学段的阅读教学工作有着非常明确的指导意义。它进一步引导教师在阅读教学中走向生本，有效提高了阅读教学的效率，极大地促进了学生创新思维品质、阅读能力乃至表达运用能力的提高。其外在表现，就是学生课堂上对文本中重点词句的赏析积极性高涨，有自己独特的见解，创新思维活跃。

二、片段训练的有效策略

语文课程标准在第二学段的习作目标中规定："能不拘形式地写下自己的见闻、感受和想象，注意把自己觉得新奇有趣或印象最深、最受感动的内容写清楚。"作文片段训练倡导学生把日常生活中所看到的现象及因此而产生的感想，用几句话清楚地写下来。基于此，我认为，作文片段训练是小学中年级习作训练的重点，是实现低年级写话训练向高年级写篇训练的过渡，即加强中年级学生的作文片段训练，对于培养学生的习作兴趣，提高学生的认识能力和表达能力，养成良好的习作习惯，提高写作水平，具有十分重要的意义。

在中年级作文片段训练指导的课堂中存在着一些令人担忧的现象，我将有关的现象归纳为以下三个问题，并就如何在作文片段训练中积极引导学生学会观察与表达，结合自己的教学实际谈谈自己的改进策略。

问题一：训练目标不明晰。

作文片段训练的提出，是相对于篇章训练而言的。当前作文片段教学严重缺位，更多地体现在教师在教学中进行作文片段训练的目标不明晰，教学目标不够具体、明确或不够恰当，甚至产生偏差，导致训练中存在着简单无效或是拔高无度的教学现象。如有些教师在作文片段训练时并没有遵循"从写句子、写话到写片段，再到写整篇文章，从易到难，循序渐进"的原则，指导学生写作文片段时，只满足于写几句话；有的教师则忽视作文片段教学的重要性，一味拔高，不仅要求凤头豹尾，还要求成篇成段，做到内容上要中心突出，立意要高，语言的表达上要生动具体，结构上要详略得当等。由于提高无度，使学生无所适从，导致望文生畏。

问题二：训练要求不到位。

崔峦曾讲："中年级：要培养学生精细的观察，不拘形式地写下自己的见闻、感受和想象。"可是，在作文片段教学中，有些教师在指导上存在着训练要求不到位，导致作文训练无序，学生无章可循的问题。例如，对于作文起步伊始的中年级学生来说，观察力的培养是学生写好作文的关键，但学生对自然、生活的观察是十分欠缺的，他们对生活中发生的一切往往视而不见、无动于衷，有时是虽有所见、有所感，却只是走马观花，忽略细节。有些教师采取放羊式的做法，在培养学生观察的方法、观察的角度等方面的训练显得随意性强，针对性较弱；有些教师在训练上虽对学生有一定的要求，但在引导学生如何注意留心观察，写出与众不同的、充满个性特征的好作文时，做得也不到位，导致学生写出来的作文存在着观察不够细致、观察角度偏颇等不足，也就无法达到提高学生作文水平的要求了。

问题三：训练内容无序列。

学生对生活的体会是否深刻是学生习作的“魂”，学生对生活的观察与感悟是学生习作的源泉。叶圣陶先生曾说过：“文章必须从真实的生活里产生出来。有了充实的生活才有好文章。”有些教师在作文片段教学中没有找准学生的关注点、社会的热点，也不注重引导学生对生活进行观察、体验、感悟，只是一味地紧跟教材编写的要求走，或是以自己主观的想法来设计训练内容；有的教师则在作文片段训练的内容设计上显得无序，导致学生“无米下炊”。

学生观察力的培养在作文片段训练中十分重要。教师对作文片段训练目标的定位很关键，要求教师以语文课程标准中每个学段作文要求为指南，制订明晰、有效的训练目标，让学生真正做到表达清楚，达到“写通顺”“写得较具体”的教学目标。在作文片段的指导上，教师要积极摸索适合中年级学生作文训练的途径，注重从内容入手，启迪学生善于体悟、感悟生活中的事，并多加思考，尤其是要注重学生的个性化作文训练。

我在教学实践中以作文片段训练为抓手，注重从片段着手进行训练，指导学生学会抓住事物的特点，多角度、多侧面观察，学会进行思考与表达，引导学生有良好的观察习惯，拥有一双慧眼，这是作文片段教学的第一步；指导学生善于捕捉生活中美的事与人，拥有一颗慧心，这是作文片段教学的第二步；指导学生用笔写下自己对生活中美的事与人的真实感受，拥有一支慧笔，这是作文片段教学的第三步。只要学生能做到观察、思维、表达的密切结合，学生的观察力、分析力得到培养，写作水平就能得到一定程度的提高。我认为，在培养学生良好的观察习惯与观察能力上可以构建这样的作文片段训练体系，具体做法如下。

1. 注重培养观察习惯——有慧眼

在作文片段训练过程中，让中年级学生学会观察事物，能留意生活中的人和事，是作文教学的良好开端。教师要适时引导学生学会抓住事物的特点，多角度、多侧面观察，对学习、生活中的见闻进行思考与提炼，再进行加工，学会用文字细致地描述自己观察到的事与人，并逐渐养成习惯、形成能力。教师要注重指导学生掌握一定的观察方法，起到对学生写作能力的有效牵引。如何写好观察作文？我在《青苹果》一课的教学中，巧选事物的“看点”，巧用“看点”积极指导学生通过用眼睛看、用耳朵聆听、用嘴品尝等方法仔细地对青苹果进行全面观察。教学中，采取四步走：（1）猜一猜。我先出示一个塑料袋，让学生猜猜袋子里装着什么，说说“你是怎么猜出来的”。（2）摸一摸。请学生说说自己摸青苹果的感受。（3）闻一闻。让学生闻一闻青苹果的味道。（4）想一想。启发学生从青苹果展开合理的想象……引导学生在比较中观察，边观察边联想。学生在看、摸、闻、想的过程中，渐渐习得观察事物的方法，并生动地记录下课堂上自己或伙伴观察青苹果时的神态、动作和语言，刻画了自己的内心与收获。

2. 注重学会感悟生活——有慧心

在作文片段训练上，为彻底解决学生写作文时存在的“无话可说”“无材料可写”的问题，在训练内容的确定上，教师应激发学生自身的写作需要，积极设计训练内容，并使之系列化、科学化。教师要善于通过启发学生收集生活素材和写作题材，引导学生观察生活、感悟生活，从生活中感受世间美好的事物，体验人间美好的情感，获得启迪，这是学生成长的需要，更是指导学生作文的需要，即让学生从丰富多彩的生活中找到作文的素材。

为了培养学生感悟生活的能力，我在班级设置两个本子，一本是“生活中的人和事”，一本是“大自然中的美景”，主要引导学生写观察日记，写生活中的景和物，养成课外自觉练笔的习惯。采取轮流写的方式，让学生随时、自觉、主动地把自己在学习或生活中的观察、体验、感悟所得，特别是那些值得记忆的美好的事物真实地记录下来。可以记下生活中的人和事，也可以记下大自然中的景和物，或把一天中有意义的事、印象最深的事、最感兴趣的事记录下来。注重引导学生抓住生活的一个镜头，记取生活的一点感触，观察社会上的各种各样的人和事，写自己所见、所闻与所感，诉诸笔端，畅意地表达。学生写的观察日记观察角度新，观察点多，观察面广，如《我家的发财树》《可爱的白云》《含羞草》《美丽的小花》《池塘边的小草》《绿萝》《老爸减肥记》《有趣的吹泡泡》《我的外婆》等。教师让学生相互交流，并对每个认真记录的学生都给予充分肯定，学生在交流中进一步懂得生活中有许多可观察的事物，只要留心观察，就会有所收获，因此写的劲头更足了。

3. 注重指导写作方法——有慧笔

在作文片段训练中，为有效提高学生的观察能力和表达能力，教师要注重对学生写作技能的指导。如何在教师的指导下，将学生的口头语言转化为书面语言呢？这需要教师教给学生一些写好作文片段的方法。

首先，读写结合是一种非常有效的作文训练形式。教师要巧妙运用文本中典型片段的写法，让学生在模仿中习得方法、获得能力。如在学习人教版语文三年级上册《富饶的西沙群岛》一课时，教师抓住本课在构段上以总起句进行描写的特点，指导学生抓住文中的“海滩上有拣不完的美丽的贝壳，大的，小的，颜色不一，形状千奇百怪”这句话，让学生写出贝壳的颜色不一和形态各异。

其次，在作文片段训练的形式上也要力求多样化。如在《我喜爱的一件传统工艺品》的习作教学中，教师采取让学生看实物、看图片等方式，积极引导学生学会全面、细致、有序地观察，做到抓住特征、重点观察、善于比较、展开想象，在对其有了较为深刻的感性认识后，再重点写出静物的与众不同之处，并用简练的语言记叙事物的特点，从而使学生笔下的文章愈发生动起来。

当然，在作文片段训练上也要形成一个系列。我先以贴近学生生活的内容让学生进行作文片段训练，在观察逐步深入的基础上，再引导学生把握简单的观察点、观察顺序和观察方法，运用这些技巧去自由表达他们的观察、体验与感悟，最后再进行自主表达的思考，表达自己的真情实感。如在引导学生写自己喜欢的人、熟悉的小伙伴时，提示学生要注意观察人物的神态、动作，准确抓住人物特点，巧妙捕捉人物的闪光点，选择最能反映人物性格特点、精神面貌的事例进行描述。在写景状物的作文片段训练上，则要引导学生抓住景物的特点，按一定的顺序观察和表达，做到观察有序，表达条理清楚。在描写活动场面的作文片段训练中，则要指导学生重点记叙自己的所见、所闻、所感，如结合学校开展的春、秋游等社会实践活动，在秋游参观软件园活动后，引导学生以《走进软件园》为题写下自己的感受；在校园科技节开展的风力小车比赛后，指导学生抓住要点，写出自己的所见、所闻或参加比赛的真实感受……因为有了对生活的敏锐感受，学生在写作时也就能尽情抒发自己的真情实感了。

三、评价发展写字能力

“多一把衡量的尺子，就会多出一批好学生。”语文课程标准指出，语文课程评价的目的不仅是为了考查学生实现课程目标的程度，更重要的是为了检验和改进学生的学习和教师的教学，改善课程设计，完善教学过程，从而有效地促进学生的发展。评价不应过分强调评价的甄别和选拔功能，要适应语文课程从重视语文知识到重视语文能力，再到重视语文素养的发展。语文教育归根到底是要全面提高学生的语文素养。教学评价不能用绝对统一的标准去度量学生的学习水平和发展程度，要给学生的不同见解留有空间。因此，评价内容绝不能局限在知识和能力这个单一的维度上，还要着眼于过程与方法、情感态度与价值观，进行多元而全面的评价。评价者与被评价者相互沟通协商，平等对话，相互交流，彼此增进理解，营造相互体谅、相互鼓励、相互分享、共同进步的氛围，使被评价者悦纳自己、改进自己，促进学生语文素养的全面提高。

规范、端正、整洁地书写汉字是有效进行书面交流的基本保证，是学生学习语文和其他课程、形成终身学习能力的基础。但在教学实践中常常看到，有些学生在书写时心浮气躁，刚开始写得认真，渐渐地，书写就显得随意、马虎；有些学生在写字时没有按照字的间架结构书写，而是依样画葫芦“画”出字……总之，学生个体的书写存在较大差异，学生整体的书写水平也不尽人意。

语文课程标准指出：“义务教育的各个学段的写字评价都要关注学生写字的姿势与习惯，引导学生提高书写质量。”“评价要有利于激发学生识字、写字的兴趣，帮助学生养成写规范字的习惯，减少错别字。”写字是一个长期反复、耐力持久、循序渐进的过程，在这个过程中，由于学生好动、持久性差的特点，导致学生的书写水平不高，这就需要教师以写字教学为载体，确立以学生为主体的地位，积极关注学生个体之间的差异性，充分建立一种长效评价机制，积极发挥评价的教育功能，注重写字评价的多样性与新颖性，遵循写字评价的延续性，加强学生写字姿势和习惯的培养，激发学生的写字兴趣，帮助学生自觉提高写字能力，有效地促进学生书写能力的发展。

1. 尊重主体性，培养良好习惯

语文课程标准指出：“每个学段都要指导学生写好汉字。要求学生写字姿势正确，指导学生掌握基本的书写技能，养成良好的写字习惯，提高书写质量。”学生是学习的主体，有效的写字评价机制的建立，就体现在教师对学生书写心理状态的了解、对学生内心驱动力的把握上，就建立在教师对学生的尊重与指导上。

学生写字的态度是写好字的关键，教师在写字教学中要告诉学生："心正则笔正!""提笔就是练字时。""字是人的第二仪表。"还要强调"三到"，即眼到、手到、心到，因为只有心中有字，才会手上有字，使学生自觉形成良好的学习心理，培养他们严谨、细心、认真、一丝不苟地自觉写好字的书写态度，为学生快乐写字打下良好的思想基础。

语文课程标准在写字的评价中，强调"要考查学生对于要求'会写'的字的掌握情况，重视书写的正确、端正、整洁，在此基础上，逐步要求书写流利。第一学段要关注学生写好基本笔画、基本结构和基本字，第二、第三学段还要关注学生的毛笔书写，第四学段还要关注学生基本行楷字的书写和对名家书法作品的临摹"。教师要从基本笔画、偏旁入手，然后进行汉字的结构布局的指导，采取自我评价、伙伴互评、教师点评等方式来改进写字教学评价，循序渐进地对学生进行写字指导。在低年级起始阶段，教师可以根据学生的年龄特点，积极关注学生的写字姿势，反复强调写字时应做到"三正"即身正、纸正、笔正，"三一"即胸离桌子一拳、眼离本子一尺、指离笔尖一寸。在这个过程中，教师要注重示范作用，采取树立榜样的方法，把桌椅搬上讲台，将书写姿势正确、坐姿标准的学生请上讲台，在班级中进行示范。同时教师要及时给予评价，使学生从直观的榜样与评价中，明白正确写字姿势的具体要求。教师还要注重讲解基本笔画应该如何起笔、运笔、收笔，对于还没领悟要领的学生应手把手地教他们体会笔画的轻重、提按，让学生努力做到眼看与手写的结合。在生字书写的批改上，教师可以在写得好看的字旁加上小圆圈，在优秀作业上画上小星星、笑脸；经常不定期地评价学生的作业表现，以发小红花、小贴纸等方式，增强学生写字的成功感；还可以开展小组动态评比，如开展"我和伙伴比"的活动，搭建平台让每个学生都有展示自己作品的机会。

在写字过程中，教师要放手指导学生学会抓关键笔，让学生懂得去评判哪些同学的字写得干净、整齐、规范，并分享自己的发现，提高学生的品评能力，领悟书写的要领。如在基本笔画的书写上，教师从学生实际出发，重点讲解“卧钩”“竖弯钩”“斜钩”这些学生易写错、写不好的基本笔画。针对学生对“横折弯钩”在书写时是否变笔的难点，教师有目的地进行梳理，让学生在比较中加以区分。如“风、飞、讯、迅、热、执”这些字中的“横折弯钩”要变笔；“染、九、几、凡、瓦、瓶”这些字中的“横折弯钩”不变笔。有了笔画书写的基础，教师还要针对学生在田字格里写字不规范，有时整个字写在下半格或左（右）半格，笔画与田字格的四条边重叠，字的笔画碰到格子的边框，笔画歪斜和书写时不太注重字的间架结构等不足，在教学中借助学生之间的自评、互评调动学生的经验，一起探讨笔画部件的书写对稳定汉字起关键作用，引导学生注重内部笔画排列关系，及时告诉学生在田字格中，要注意字不能顶天立地，左右要能伸展，做到布局疏密有序，特别要提醒学生注意汉字作为独体字与作为偏旁的变化。

教师要注意培养学生学会细心观察每个字的整体形态，注意每个偏旁自身的特点和规律，明确各部分构字部件在田字格中所占的比例和准确的位置，找出字在田字格上的压线笔和关键笔，初步渗透“中正稳定”“穿插避让”“左右对应”等结构要领。如“鸟、马”是学生书写的难点，学生在写“鸟”“马”字时，都存在着笔画不规范的现象。在讲解“鸟”的第二笔与第四笔交叉时，教师利用象形字表意的特点，投影出示学生的书写作业，让学生互相评价，来提高他们的观察、分析能力，如有学生讲道：“鸟，这个字要写好，书写时上部分要写得瘦长些，体现鸟的头很小巧，‘竖折折钩’像鸟的翅膀，要写得宽些，这样鸟儿才能飞得高。”有学生在讲评“马”字时，谈到“马”的头总是向上高高昂起，起笔“横折”要往上斜，才会显得有精神，最后一笔的“横”像马蹄，因而要伸起向上抬。又如，在写“走”“山”“鱼”字时，教师引导学生结合象形字的特点进行想象，说出关键笔画、部件书写时的重点，学生显得兴趣浓厚。他们说道：“‘走’字的‘撇捺’就像是人的双脚，踢出时要很有力，要写出撇高捺低的特点；山峰很险峻，‘山’的‘竖折’与‘竖’往里收好看。鱼身小，写

‘鱼’时中间的‘田’字要小些。”学生在自评、互评中，能慢慢地养成动脑筋思考字形结构的习惯，从而逐步掌握字的间架结构。

2. 关注差异性，实现自主发展

我认为，在写字教学中，教师要正视、发现学生之间的差异，要关注学生之间存在的差异性，并充分尊重每一位学生的个体差异性，积极培养学生端正、认真的书写态度，促进学生良好品格和意志力的发展。针对学生个体在书写时的差异性，教师可以采取多样的评价方式，注重评价内容的全面性与评价过程的动态化，还可以把反馈会、现场会开到教学实际中，增强评价的交互性，使学生能够从多渠道的信息反馈中学会自我反思，实现学生书写水平的自主发展。

在写字教学中，为帮助学生形成规范书写的习惯，教师可以开展形式多样的写字展示和写字交流活动，因为有比较才会有鉴别，有鉴别才会有提高；可以开展自我纵向评比活动，如“我跟自己比”“今天和明天比”“写字练习与平时作业比”等，采取学生自我评价和家长参与评价的方法，利用各种机会，及时评点学生书写上的优缺点，使学生明确应该怎样写好每个字；可以通过小组动态评比，班级、年级间评比，采取自评、同伴评、家长评和教师评等方式，评出班级“小书法家”“书写进步星”等，以此激励学生以更大的热情投入写字中，体会到成功的喜悦，从而达到促使每个学生写出一手好字的教学目标。

教师还可以选取写得最好的、作业最工整的或在短期内有进步的学生作品进行展示，在榜样和楷模的示范下，和学生共享进步的喜悦，并让学生知道：只要刻苦训练，就一定能写出一手漂亮的硬笔字。教师还可以将“优秀作业”和“有待提高的作业”同时贴于黑板上，让学生进行互评，在对比中提高分析能力，形成对笔画字形结构的整体感知，领会写字要领。也可以通过优秀作业展评活动，让学生在观摩优秀作业后，说说：“你最欣赏谁的作业？为什么？你对自己作业的评价是什么？有什么需要提高的？”如有的学生谈到自己欣赏优秀作品的理由：“书写工整、美观，笔画好看、舒展，正确率高。”学生在自评中也谈道：“要尽自己最大的努力写好每项作业，多练字，刻苦练字，认真完成作业，把字写到最漂亮，更上一层楼，争取使自己的作业被评为优秀作业。”教师顺势引导学生学会反思，及时收录自己最为得意的作品或作业及教师或同伴做出评价的相关材料，使学生从中清楚地看到自己在日常的书写表现及书写过程中的点滴进步和变化，清醒地看到自己的优缺点和收获，引导学生在每个学习的阶段及时写下自己在写字方面的努力方向，促进学生写字水平的提高。这种多样化的评价方式充分尊重了每一位学生的个体差异性，使每一位学生身上的闪光点和潜能都被发现和得到释放。

3. 遵循延续性，促进整体提高

写字教学要培养学生良好的写字习惯，引导学生学会静心写好每个字。在完善评价机制上，学校要积极以写字教学为载体，注重写字评价的延续性，通过建立各种形式的评价机制，使学生持续保有写字的热情与积极性，促进学生整体书写能力的提高。

为了有效了解学生整体的书写情况，学校可以不定期地开展书写的监控，采取观察与当堂检测的做法，了解学生在写字姿势上是否会出现“歪头伏桌、耸肩斜低、弯曲驼背”等错误现象，对不良的写字姿势进行纠错，对学生书写中普遍存在的“占格不当、比例失调、笔画错误”等不良现象进行指导，这样，各班、各段就能对学生出现的不良坐姿和写姿问题及时整改，重点训练，同时及时对学生书写中存在的问题进行有针对性的指导。在单元测试与期中、期末测试中，让书写得分占一定的比例，积极借助考试这个杠杆来进一步促进学生提高书写水平。可以根据不同年级、不同学科对书写的不同要求，确定语文、数学、英语期末试卷中书写部分在卷面所占的分值，促使学生养成良好的书写习惯，引导学生树立“提笔就是练字时”的思想，认认真真写好每个字。

每学期，学校可以统一制订“书写小明星”考级方案，举行一次写字考级评价竞赛活动，进行“书写小明星”的评选。这既是对学生书法水平的肯定，也是促进学生写字水平提高的重要手段。如我校在“书写小明星”考级前，学生可以根据自己的写字水平申报考试级别。

考级的对象是一到六年级的学生，即全校每位学生都是写字考级的对象，考级由语文各备课组根据本年段的考级标准，认真选取有关的书写内容（必须选自经典诗词歌赋等文学作品，也可从所学的语文课文中选取）进行考级。第一学段可书写古诗，第二学段可书写宋词，第三学段可书写优美散文等。在考级时，学生必须在规定的时间内完成对规定内容的书写。1～3年级用铅笔书写，4～6年级用钢笔、水笔或软笔书写，可以写楷书、隶书体，具体分为软笔楷书、软笔隶书、硬笔楷书、硬笔隶书四个类别。各语文教师按本学段“书写小明星”的优秀比例评出优秀作品，然后年级教师一起评卷、定级，最后由学校统一颁发“书写小明星”证书。考级对字的结构、笔画、卷面的整洁及坐姿与握笔姿势都做了具体规定。内容主要包含以下几方面：(1) 书写姿势：握笔、坐姿严格做到三个“一”，即指离笔尖一寸，胸离课桌一拳，眼离本子一尺，身正、肩平、足安。自觉保持握笔正确、坐姿端正的为“优”；基本能做到握笔正确、坐姿端正，但需时常提醒的为“良”；握笔方法错误、坐姿不端正，提醒后仍不能达到要求的为“差”。(2) 书写成绩：参照各学段评价标准进行评比。同时，还要根据各学段的不同情况，确定各段“书写小明星”的比例：一年级10%，二年级15%，三、四年级各20%，五、六年级各30%。特别要指出的是，对被评为“书写小明星”的星级获得者要进行跟踪、考评及验收，下学期要根据其平时的书写情况定级。如果书写保持优秀的，继续给予肯定，不必再发证书；如果退步明显，则取消其“书写小明星”资格。同时，为求更多的学生能获得这项荣誉、获得肯定，考级方案中还提出各段“书写小明星”每学期的比例不包含已获得“书写小明星”称号的学生。各年级还可以将“书写小明星”考级中的优秀作品拍成照片，在艺术节期间展出。有的年级还提出，在“书写小明星”考级活动中，获得“书写小明星”证书的学生在书写生字时，可以减少书写生字的数量，作为一种鼓励措施。为了争当“书写小明星”，学生都能积极参加考级活动，学生自身的闪光点和潜能在这个平台上得到肯定、得以释放，其他学生也有了学习的榜样和楷模，在这种良好的学习氛围中，学生的写字热情真正得以激发，有效提高了写好字的自觉性，促进了书写能力的整体提高。

总之，教师在写字教学过程中要不断完善写字的评价机制，让评价“活”起来，使评价真正成为激励学生发展的“泵”，成为促进学生发展的“催化剂”，激发学生的内驱力，从而优化写字教学，为学生写出一手好字创设一个更为广阔的、更为崭新的平台。

四、少先队活动课如何上

少先队活动课是少先队活动的重要形式，是对队员进行思想教育的一个重要阵地，它不仅能为队员提供展示才华和特长的机会，丰富队员的情感体验，更能提高队员的思想认识水平和基本素质，促进队员的全面成长与发展。

反观目前少先队活动课，在具体实施中普遍存在的弊端有以下三个突出的方面。

（1）活动的主体是队员，但实际在活动方案的设计、活动过程的安排等方面，大多是以辅导员为主，放手给队员自由设计、自己参与的教育主题和内容还是较缺乏。

（2）活动的形式热热闹闹，大都以表演为主，为了追求过程的完美无缺，辅导员往往都会预先排演，如此一来，活动有了效果，但少了活动中的生成，少了队员亲历道德实践的过程，导致队员的思想成长在活动中缺乏一定的成长空间，队员的道德认知提高不够快等。

（3）活动的内容单一，多数还是固定在教室里举行，没有给队员提供更大的教育空间，没有让队员亲历道德实践活动，没有能让队员在体验和感悟中促进成长的活动内容。

综上所述，如何确立少先队活动课的主体性，创新、丰富其内容与形式，使其发挥最大的教育效果，为队员的成长助力？我认为，这是每个少先队辅导员都需要思考的问题。少先队活动课要极力避免上述的三个弊端，其解决的策略就是要积极呈现出活动主体的鲜明化、活动内容的多样化及活动形式的多元化，这样队员们才能在活动中锻炼，在体验中提升，在参与中成长。

1. 活动主体的鲜明化，为学生提供锻炼的平台

活动主体鲜明化体现在少先队活动以少先队员为主体，辅导员要放权，要站在一定的思想高度上，给队员提供锻炼成长的平台，要从队员的需求出发，做到“小、新、实”，积极引导队员自主开展活动，通过积极思考、相互交流与探讨，让队员在思想的交流和交锋中促进道德认知、道德情感和道德行为的生成，以求得道德知识的深化，最大限度地激发队员的道德情感，让其发挥出更大的教育力量，促使队员在活动中彰显个性，不断成长。

如在“我喜爱的动画片”的队课上，辅导员事先让队员以小组为单位开展五个方面的调查：（1）调查队员们对动画片的喜爱程度；（2）了解我国动画片的发展历程；（3）了解动画片的原理和制作过程；（4）了解动画片的益处；（5）了解动画片的坏处。在队课上，通过一年级的小男生整天迷恋动画片，连吃饭都顾不上，作业也没完成，成绩跟不上这个案例，让队员讨论并大胆提建议，说说有什么好的办法或意见来帮助他，引导队员的思考：你们觉得看动画片最合适的时间是多少？一天中最长不超过________小时，每次________小时，中间要休息______分钟再看。同时，提供辩论的内容：“你认为课外时间能不能看动画片?”队员们在这节队课上主动参与，逐步认识到动画片能扩展思维和知识面，有利于语言发展，但是充斥暴力的动画片会使儿童模仿里面的动作，长时间看动画片会影响学习，会导致视力下降……队员的认识水平在自主参与中逐步提高，队课的教育效果显著。

在“勤俭节约，从我做起”这节队课上，辅导员在队课之前先就零花钱的使用、生活与学习上的节约、环保三个方面进行问卷调查，让队员根据自己的实际，认真对照，如实填写，完成问卷调查表。队课上，辅导员再从问卷中队员群体中普遍存在的一些随意买零食、买玩具的现象，从如何积极引导队员养成理性、适度消费以及低碳的生活习惯这个问题入手，播放社会上有关铺张浪费现象的视频，再出示

贫困地区孩子生活上的艰难的画面，引导队员围绕这些对比鲜明的画面进行讨论：从这些画面中，你懂得了什么？作为一名少先队员，应如何学会勤俭节约？你是如何使用零花钱的？每月有多少零花钱？这些钱是怎么来的？你有制订使用零花钱的计划吗？接着，请班级勤俭节约的美德少年上台进行交流，从榜样的介绍中，队员进一步懂得可以为零用钱的使用制订计划，设立一本小账本，记录资金出入，把自己用零花钱买喜欢的玩具、书籍、学习用品等事项及时记录在本子上。这节队课让队员们懂得了勤俭节约是中华民族的传统美德，要从小做起，从身边的小事做起，从自己做起，把钱花在有用的地方，不该买的东西不买，养成节俭的良好品德，做个勤俭节约的好少年。

2. 活动内容的多元化，为学生拓展教育的空间

少先队活动课要具有可触摸性，要走进队员的心灵，活动内容应多元化。队课的活动内容应从德育工作出发，贴近队员的实际，贴近他们心灵成长的需求，通过拓展教育的空间，增强道德教育的时代感，把核心价值观的培育与德育活动紧密结合，把其外延延伸到队员成长的方方面面，延伸到培养队员良好习惯的点点滴滴，让活动的内容更为丰盈，焕发出无穷的生命力，走进队员的内心世界，达到震撼心灵、启迪心灵的效果，使队员们在生动的活动中受到教育、快乐成长。

少先队活动课内容的多元化体现在辅导员可以充分结合地方和学校的教育资源，挖掘社会资源，充分调动社会各方面的积极性，让教育内容走近队员的生活，走近队员的身边，让队员亲历道德实践活动，通过体验促进队员的成长，为队员的全面发展奠定基础。“我是优秀男生女生”这节队课，就是与学校、班级的实际相连，体现了时代性、实效性的有机融合的一节课。在这节队课中，开展了男生、女生露一手活动，让队员展示自己动手制作的作品，介绍自己动手实践的收获与体会；举行了“巧巧手”的竞赛活动，让队员们在队课上开展系红领巾、叠衣服、制作水果拼盘等活动，激发队员的参与意识，给予队员不断学习生活本领、获得成长的动力，使队课产生最佳的教育效益。“学音乐礼仪，树文明新风”这节队课立足于校本资源，目的明确，指

导性强，真正实现了队课的校本化，注重了队课的发展性。这节队课的主题被确定为“学音乐的孩子是不会变坏的”，要求队员关注身边，做到讲文明、懂礼貌，这是最基本的音乐素养，使队员认识到音乐对自身成长的重要性，知道听音乐可以陶冶性情，提升素养，讲究音乐会礼仪非常有必要，并引导队员通过自我剖析，发现自己的不足之处，能从小事做起，学会音乐礼仪，树立文明新风。

少先队活动课内容的多样化，还体现在辅导员可以选择具有时代感和教育意义的主题，选择融合知识性、思想性、趣味性于一体的活动，使之成为激励队员不断奋进的一股正能量。在围绕“复兴中华，从我做起”这个主题的少先队活动中，不同学段、不同班级的教师可以根据这个主题来设计队课形式，实现队课分层化、系列化的设计。如“传承文化，复兴中华”这节队课上，教师开展了有关的知识竞赛，有效激发了队员了解传统文化的兴趣。这节队课上还出示了中国传统文化剪纸艺术、传统乐器、书法文化、唐诗、戏曲表演（如歌仔戏）……最后，在队课即将结束之时，教师举办论坛，让队员们谈谈作为一名小学生，该如何传承中华传统文化，复兴中华，队员们纷纷畅谈自己的感言，使思想认识得到了进一步提高。而在“复兴中华，从我做起”这节队课上，教师设计了三个板块。第一个板块：五星红旗迎风飘扬。让队员们朗诵诗歌《五星红旗我爱你》、演唱《我仰望五星红旗》及进行小品表演；在互动环节中，让队员们围绕如何热爱国货、抵制日货进行讨论，使队员们深受教育。第二个板块：爱国要体现在点点滴滴中。有队员在《爱国，体现在点点滴滴》的演讲中谈到，作为一名中国人，要讲好普通话、节约环保、努力学习等，并且结合热点时事谈看法，引发了大家热烈的讨论。也有队员在演讲中发出“唯有创新，中国才能真进步”的感叹。第三个板块：我爱我的祖国。队员们通过诗朗诵《祖国啊，我亲爱的祖国》等，抒发自己对祖国的热爱之情。这节队课的教育效果是显而易见的，队员们在这样的队课中，不仅树立了“复兴中华，从我做起”的思想，更懂得了要热爱学习，学好本领，长大才能为祖国的复兴出力。

3. 活动形式的多样化，为学生搭建成长的舞台

少先队活动课的形式要多样化，应具有鲜明的时代感。因为只有新颖、有趣的活动形式才能激发队员的兴趣，为他们所接受并使他们乐于参与其中。如“交通安全在心中”这节队课采用调查、总结、交流的方法，通过“走进生活观现状—制作图表知现状—画标志知意思—现场采访知辛劳—交流介绍导行动”的环节，先是播放相关的视频，让队员们了解交通事故发生的原因以及给人们带来的危害，初步明白了交通设施与标志在保障人们交通安全上的作用；将交通协管员请到班级来，进行现场采访，让队员们理解交警与协管员的辛苦，提高自觉遵守交通规则的意识，鼓励队员成为交通安全宣传员，带动身边的人也站进遵守交通规则的行列中。队员们在形式多样的活动中，不断内化和深化有关交通安全和自我保护的意识，知道遵守交通规则的必要性和重要性，懂得珍爱生命、自觉遵守交通规则。

少先队活动课的形式多样化，体现在真正让队员直接体验、亲身感受活动，做到活动情景化、生活化以及寓教于乐、寓教于实践，不断提高队员的思想道德水平和综合素质。如在“学音乐礼仪，树文明新风”这节主题队会课中，课堂气氛显得比较沉闷，缺乏情趣，主要原因就是形式缺乏多样性和有效性。这节主题队会在形式上，可以让队员通过读有关的条文，知道如何做到讲文明、懂礼貌，再通过平时的观察和问卷调查，进一步了解一些音乐礼仪，通过小品表演开展台上台下的互动，让队员明白音乐会的礼仪对队员的成长有很重要的意义，帮助队员懂得为什么要遵守这些礼仪。教师可以通过播放有关的视频，帮助队员树立一些文明礼仪的榜样……这样的队课设计，善于创设表演情境，吸引队员参与表演，进入角色，经历身临其境的体验，有所感悟，让队员有学习的榜样，融知识、趣味和审美为一体。

少先队活动课形式多样化，还体现在活动的开展上，要提供给队员实践、体验的机会，给予队员自主锻炼的平台，让队员积极参与其中，自主发展，快乐成长。如在热爱劳动方面的培养上，学校注重进行体验式教育，开展了“我为课桌椅洗洗澡”“洁净校园我行动”等活

动，队员不仅掌握了劳动技能、合作技能，感受到了劳动的快乐，爱护公物的意识也得到了增强，并进一步意识到学校是我家，每个人都应该从点滴做起，爱护学校的课桌椅，爱护学校的一花一草，让校园更加美丽。为强化队员的纪律意识，磨炼他们不怕困难的意志，培养他们的自理自立能力和坚强勇敢、吃苦耐劳的精神，提高他们的综合素质，教师组织队员参加夏令营社会实践活动，由解放军战士指导队员叠被子、整理内务，教师指导队员自己洗衣服、洗餐盘，开展军营内务评比，培养队员的生活自理能力；带领队员到农场这个德育实践基地，去学习制作糕点、种植蔬菜及制作手工香皂和绢花。教师还可以结合重大的节日等，引导队员走出去，深入社区，到社会中实践体验，为队员的成长助力。如结合每年的 3 月 5 日学雷锋纪念日，队员开展学雷锋活动，进行义务植树，开展环保宣传活动，去福利院、敬老院奉献爱心等。

第三节　收获——提升的幸福

教师的专业发展要做到“行思交融”，即教师在科研中，不能只重视行动，更要注重在行动中反思，两者要交互并进，行动中有思考，思考后又借助行动来验证……

唯有如此，教师在教育科研中才能获得对教育理念、教育行为进行认真思考的能力，最终才能获得专业提升的幸福。

一、构建文化，提升素养

礼仪修养是现代人必备的基本素质。在小学阶段，学校就要构建健康、向上、丰富的校园文化，引导学生学习中华传统文化，弘扬中华传统美德，让文明永驻学生的心田，使学生养成文明礼貌的行为习惯，有效提升学生的文明素养。

1. 利用各种德育载体，读懂文明礼仪内涵

文明礼仪教育的内容涵盖学生生活的各个方面。对于小学生来说，理解文明礼仪内涵是践行文明礼仪的根本。学校要积极构建文明健康、富有学校特色的校园文化，充分利用各种宣传途径，以丰富的教育形式代替生硬的说教，对学生进行文明美德教育，浸润学生追求真、善、美的童心，让学生感受文明美德的力量，让文明美德真正植入学生的心灵。

（1）以“国旗下讲话”为平台，滋养文明。学校文化作为一种环境教育力量，具有丰富的教育内涵和鲜明的教育目标。学校可以积极利用“国旗下讲话”的时间，分别从形象礼仪、活动集会礼仪、交往礼仪等几个方面，以名人文明小故事、校园中发生的文明小故事等号召全体学生从身边的小事做起，在形象礼仪中以“规范、合体、整洁”为美，在活动集会礼仪中以“安静、有序、文明”为美，在交往礼仪中以“微笑、礼貌、友爱”为美，从小养成良好的道德、文明习惯。又如，学生的个人文明礼仪是文明美德的根本，校园的LED屏幕不断滚动播出校园内文明礼仪模范的图片，采取示范的方式，对全校学生进行行好队礼，戴好红领巾，正确的坐、立、行姿势及个人形象的指导，让学生一进校园就能时刻提醒自己规范言行。这些举措都如春风细雨般引领着学生学礼仪、知礼仪，滋养着学生的心灵。

（2）以“红领巾电视台”为载体，有力宣传。“红领巾电视台”是校园文化建设的重要载体，也是少先队的重要宣传阵地，学校要从“红领巾电视台”的建设入手，不断创新其教育模式，拓宽学校德育渠道，使其成为宣传文明美德的重要阵地。如我校“红领巾电视台”在开学初，就播放了学校精心制作的视频《厦门实验小学学生日常行为规范示例教育片》，内容分为校园篇、家庭篇、社会篇，这个视频展示的是我校校园文化的优良传统，是学校校园文化的积淀与传承，具有学校自己的校园特色。然后各班再以生动、具体、形象的视频引导学生在观看中学习、讨论，使行为规范的要求更直观，具有示范性和模仿作用；积极拍摄“阳光快车”，录播文明美德故事和演讲，有《刻苦

学习的邓亚萍》《张良将军的故事》《我为你骄傲》这些小故事；积极开设“红领巾论坛”栏目，引导学生对“课间十分钟如何更文明”“向零食说‘不’！”等问题进行大讨论，引导学生在思想的碰撞中表达自己对文明礼仪的理解，使全校的学生受到教育；开设“曝光台”，将镜头对准卫生、课间、路队、放学后等在校园内存在的一些不文明的行为，进行跟踪报道和适度曝光，有力地进行监督教育，使学生逐步规范自身的行为，让文明礼仪真正走进学生的心灵。

(3) 以主题班队会为平台，促进理解。各班围绕“文明美德伴成长”的主题开展了题为“传承中华美德，营造优秀班风”“弘扬传统美德，继承中华文明”“文明美德伴我行”等班队主题教育活动。学生在队会课上或表演，或唱歌，或说事理，尽情分享自己对文明美德内涵的解读，教师及时抓住教育契机，引导学生积极开展讨论，并结合班级实际进行礼仪训练。此外，中高年段还在早会上让学生走上讲台，阐述自己对文明礼仪内涵的理解，学生展示了自己精心制作的关于文明礼仪的 PPT，如《人际交往礼仪》《我有好习惯》《文明礼仪伴我成长》等，潜移默化地受到影响，懂得文明就是养成好习惯，文明就会促进自己的健康成长。

(4) 以“文明小博客”为载体，深化认识。在网络时代，学校要营造氛围，打造积极健康的网络文化。“文明小博客”活动贴近学生实际，把社会主义核心价值体系当作其落脚点，其中，更是把文明礼仪教育落实于各项工作之中。鼓励学生用手中的笔将自己在生活中看到的、感受到的文明美德小故事写下来，及时发布到“文明小博客”上，学生纷纷在“文明小博客”上发表题为《文明美德在心中》《学习雷锋叔叔》《校园中的美》等美文。我校的“文明小博客”既引领学生文明上网、文明用网、增长知识、愉悦身心，也深化了学生对文明礼仪内涵的理解。它已然成为校园文化展示的平台、学生个性展露的舞台。

2. 运用各种德育工作机制，落实文明礼仪教育

文明礼仪的教育要得到落实，并内化为学生的实践，学校就要充分运用各种德育机制，让礼仪教育常态化、机制化；要通过各种行之

有效的管理机制，将文明礼仪意识内化为教师教育工作的重心和家长家庭教育的重点，内化为学生日常学习和生活中的自觉行动，促进学生文明美德的培养，提高学生的文明素质，提高教育的有效性。

(1) 让学校与家庭的教育真正形成合力。文明礼仪的教育工作要切实得以落实并取得实效，就要做到德育工作的全员化，以聚集合力，丰富载体，提升文明礼仪教育工作的实效。学校要充分调动所有教师德育工作的积极性，引导全校教师积极参与德育工作，或寻找问题，或交流经验。如我校就围绕“如何开展文明的课间活动?”引发教师在会上进行思考和讨论。教师们集思广益，纷纷献计献策，并将自己的想法付诸实施。有的班级指导学生课间“人手一件宝”，开展跳绳、踢毽子等活动；有的班级为解决班级课间活动空间狭小的问题，利用班会和 QQ 群教学生在课间玩文明而有趣的游戏……各班主任是教育工作的中坚力量，我校积极鼓励班主任动脑子，想办法，创造性地开展文明礼仪教育，制订确实可行的班级文明公约，如有的班级通过设立“美德存折”等方式，指导学生规范自己的言行，争当文明美德少年。学校还加强对毕业生的教育，积极进行“我是一名合格的实小毕业生”的教育。为使家校教育工作形成合力，共同推进我校家、校、社三位一体的教育模式的建设，做好学生文明礼仪养成工作，我校积极开展家庭教育讲座，举行“让孩子顺利走向毕业”“做一名有素质的实小家长”等讲座，召开了毕业班家长会，分析了不同年龄段学生的身心特点及在家庭教育上应采取的教育方式，向家长们提供了一些家庭教育的策略，以提高家校教育的力度，使学生在学校、家庭、社会中遵守文明礼仪的要求得以落实。

(2) 让常规训练成为践行文明礼仪的载体。文明无小事，处处皆文明，文明礼仪的教育应落实到学生的一日常规表现中。因此，文明礼仪的践行要与学校常规教育紧密结合。我校经常开展各具特色的常规训练活动，做到每月有重点，训练有措施，并细化出操、按时到校、课间文明、课堂纪律、路队接送等各个项目的具体要求，狠抓习惯养成，践行文明礼仪；采取各班自主训练和指导，年段集中训练评比、学校抽查点评等做法，既有利于班级的自主管理，又营造了一种讲文明、懂礼仪的良好氛围。尤其是狠抓校园中存在的不文明行为，帮扶行为习惯偏差的学生，及时召开家长座谈会，通过沟通了解学生行为产生偏差的原因，共同商议转化的具体措施，使得每位学生懂得“勿以善小而不为，勿以恶小而为之”，人人要从身边做起，养成文明得体的行为习惯，才能与文明、美德手拉手，结伴同行。

(3) 让激励性评比机制促进文明活动的深入。学校以“红领巾当家一周”为平台，开展文明班级评比，设文明礼仪岗，对进校学生的各项文明礼仪行为进行监督和检查，以评比的方式促进学生进一步形成良好的行为习惯。引导学生自主管理、自主检查，让学生有锻炼的平台，学会自我教育、自主管理，真正理解礼仪的内涵。尤其加强对班干部的培养，通过每班轮值“当家一周”，坚持从“当家一周”的班级中选出10名“服务之星”并进行授牌，培养学生骨干，激励学生以身作则，带头做好班级管理的各项工作。少先队大队部还会组织评选“每周一星”：对有进步的学生，表扬特别突出的，把他们的照片和事迹张贴在大队部的宣传栏，以此激励学生努力向上、勤奋学习。学校、年段、各班积极开展“文明美德之星”评比活动，加强对学生进行日常行为规范教育。我校低年段的班主任根据学生特点，利用“雏鹰争章”园地，采用“比比谁的花儿多”“小花换苹果”“集卡”等各具特色的评价激励形式，规范学生的一日常规。这种种做法，激励着学生学有榜样，不断与文明交朋友，全校形成了良好的育人氛围，掀起了学礼仪、教礼仪、传承礼仪、争当文明礼仪标兵的热潮。

3. 拓宽各种德育的渠道，深化文明礼仪教育

美德重在养成，文明贵在行动。确实，礼仪的学习和养成重在实践。要提高教育的实效性，就必须站在全面育人的高度，积极寻找德育工作的切入点、落脚点、立足点和延伸点，让德育工作的触角进入学生的学习和生活中，引领着学生不仅在学校，而且在走进家庭、走进社会后，真正践行文明礼仪。

(1) 以“争当大楼（大院）里的好孩子”为切入点。学校的礼仪

教育要深入学生心灵，就要不断探索有效的社区教育模式，以活动为载体，把礼仪教育向家庭、向社区（大楼、大院）、向社会延伸，使学生在活动中不断感悟文明礼仪的内涵，不断进步，把文明内化于心并外化为自觉的行为。我校积极开展“争当大楼（大院）里的好孩子”活动，在学校所属招生片区的新华城、警备区等社区表扬了一批社区好孩子，开展了一年级新队员入队仪式，发出“争当大楼（大院）里的好孩子”的倡议书，开展“争当大楼（大院）里的好孩子”的评选活动，将“好孩子”的事迹张贴在中厅，把喜报发到学生家长手中。学校以此活动为切入点，与家长一同携手，积极引导学生在校外、在社会上尊老爱幼、团结邻里，在日常的言行中、平时的待人接物中展现自己文明有礼的形象，使文明礼仪之风吹遍家庭、校园和社会的各个角落，使学生成为“文明有礼、品德优良”的好少年。

（2）以学科教学为落脚点。学科教学是学校一切德育工作的主阵地。它是文明礼仪教育工作的最坚实的基础，是文明礼仪教育得以落实的最佳渠道。在学科教学中，教师要充分挖掘教材育人的功能，寻找到其中所蕴含的教育价值，对学生进行情感的熏陶、道德的启迪，积极引导学生与文明礼仪交朋友，让文明美德伴着学生成长。我校教师在教学中，能找准学科教学与文明礼仪教育的结合点，并积极改进德育教学方式，采取观看、参与等多样的教学手段和教学形式，让教育内容渗透在学校生活的各个层面，在一种和谐的、自然的氛围中使学生自然而然地、不知不觉地接受教育，不断启迪学生心灵，落实礼仪渗透。如在语文学科的教学中，教师们积极开发、利用课文的人文价值取向，挖掘课文中的教育因素，积极创设生动的教学情境，激发学生主动参与的意识，鼓励他们走近文本中的人、事、物，感悟文本中蕴含的哲理、教育意义与价值导向，培育学生的文明素养。引导学生进行《三字经》《弟子规》等经典的诵读活动；开展讲诚信小故事，背诚信名言，表演与诚信有关的课本剧及“夸一夸身边诚实的朋友”的主题活动，让学生用自己的眼睛寻找身边讲诚信的人和事，畅谈自己的感受。在音乐、美术等学科中，教师围绕“在阳光下快乐成长”

的主题，指导学生在优美的旋律中，在美术作品的欣赏中，感受中华传统文化的精髓，陶冶情操，培养健康积极的审美情趣，培育文明的种子。

(3) 以各种教育活动为立足点。学生文明礼仪素养的形成要与学校开展的系列主题教育活动紧密结合，只有在丰富多彩的主题教育活动中，文明礼仪教育才有更加肥沃的土壤，才能愈加富有勃勃的生机。在文明行为养成教育中，我校利用每年的妇女节、母亲节、学雷锋纪念日、儿童节、教师节、建队日等节日，举行各种各样的主题教育活动，培育学生良好的文明素养。

第一，与妇女节、母亲节等节日相结合。在妇女节和母亲节来临之际，给学生布置一项特别的作业，积极引导学生采取各种方式，向自己的奶奶、妈妈表达自己的心意，懂得感恩，懂得回报。学生可以送上一个拥抱，献上一张亲手制作的贺卡或是一份贴心的小礼物；可以在彩纸上写下感激的话语，悄悄地放在她们的枕头下；也可以为她们梳一梳头发，捶一捶背，洗一洗脚，或主动分担一点家务；还可以完成一份优秀作业，或在学习上、表现上有看得见的进步……把文明礼仪带回家，在家里做尊敬长辈、孝敬父母的好孩子。

第二，与“学雷锋践行文明教育”活动相结合。我校利用“国旗下的讲话”进行“学雷锋，树新风”的全校动员；学校“红领巾电视台”播放电影《雷锋》；开展四个“一”活动——讲一则雷锋故事，背一句雷锋名言，夸一个身边的小雷锋，做一件有意义的事，人人当一名雷锋式的好少年。校园掀起学雷锋的热潮，洋溢着浓浓的学雷锋氛围，人人争当语言美、心灵美、行为美的好孩子，好人好事层出不穷，学校“凤凰花红领巾广播站”每周二都会及时报道校园中的好人好事，鼓励学生用一双发现美的眼睛来发现生活中的好人好事，教育学生人人当主人，人人发现美，人人用美的标准来约束自己的行为，争做一名懂文明、知礼仪的好学生。学校在此基础上还开展了“小雷锋奖”的评选活动，以此表彰学生在学雷锋活动中的优秀表现；学校报纸《凤凰树》设立“学雷锋专版”，及时登载学生在 3 月 5 日开展的学雷锋活动中的活动心得及照片……文明美德之风吹遍校园，吹进社区，取得了较好的德育效果和社会效果。

第三，与儿童节活动相结合。我校在儿童节这个属于学生的日子中，开展“奉献爱心，传递幸福”的义卖、义演活动，组织学生在校园、在社区、到福利院、到孤儿院、到警备区部队等地表演节目，给患有自闭症的孩子赠送礼物，将自己的玩具和书籍拿出来义卖，最后将义卖、义演的钱捐给需要帮助的人。这些活动让中华民族的传统美德在学生心中生根发芽，培养了学生的文明美德，提高了学生文明素质。

第四，与校园“四节一会”相结合。校园“四节一会”深受学生的喜爱。如我校举行的主题为“经典伴成长，文明驻我心”的读书节，通过丰富多彩的活动，有效地引领学生亲近中华经典，领略其千古风韵；引领学生在书的王国中尽情遨游，认识中华文化的厚重博远，吸收民族的文化智慧，提高人文修养，积淀文化功底，从中受到教育和启迪，与文明相伴。学生在课外背诵了许多唐诗宋词、《弟子规》《三字经》、毛泽东诗词等。学生还利用课余时间编演课本剧，在文学作品的再创造中品味读书的乐趣。在校园艺术节中，则是通过“班班有歌声”系列活动，引领学生走进艺术的殿堂，感受艺术的魅力，不断提升我校的校园文化氛围，使艺术节成为我校的一次文明盛会！

（4）以假日小队活动为延伸点。德育资源是具有多样性的。在文明礼仪教育中，要充分利用家长资源，开展的形式多样的教育主题实践活动，引导学生积极践行文明。我校的假日小队活动就是利用丰富的家长资源，开展形式多样的教育主题实践活动。如有的小队在植树节来临之际，参加了“我为厦门种棵树”植树活动；有的小队到鼓浪屿当义务小导游；有的小队到居委会看望孤寡老人；有的小队去厦门市福利院，给那里的小朋友送上爱心；还有的小队上街卖报纸，再将义卖所得捐献出来……学生在形式多样的假日小队活动中懂得了帮助别人，自己也感受到了温暖，感受到了快乐，并倍加珍惜现在拥有的美好。假日小队活动丰富了学生的校园生活，使学生学会了关爱他人、关爱社会、关爱自然。

总之，在文明礼仪教育过程中，学校要不断探索促进学生文明素养形成的新思路、新举措，不断创新文明礼仪教育活动的内容与形式，通过开展一系列丰富多彩的教育实践活动，深化文明礼仪教育，让学校文化真正成为学校的灵魂，凸显学校文明特色，打造学校文明品牌，学生的文明行为必定也会在积极向上的校园文化氛围的中日渐养成。

二、创建快乐课间文化

课间文化是校园文化重要的组成部分，应将其作为校园文化建设的一个课题进行积极的探索与研究。学校要从各方面多方联手，不断激发教师调动自身的智慧、家长的力量和学生的积极性，同时做到"五重"并举，即重分析、重疏导、重带动、重坚持、重促进，积极创设一种昂扬向上、文明有趣的活动氛围，让学校的课间十分钟呈现"快乐课间，文明游戏"的良好态势，帮助学生消除疲劳、活跃身心，促进学生健康、阳光地成长，培养学生良好文明的活动习惯，提高校园文明的层次及学生素质。可以这样说，课间文化就体现在教师为主导的智慧与坚持中，体现在学生为主体的疏导与激励中。

1. 汇集智慧，重在分享

课间文化的推动，不仅仅是德育处、班主任的事情，更是全校教师的事情，要充分发挥教师群体智慧的力量，既分享自己对这项工作的想法，广纳谏言，又分享自己在这项工作的探索中积累的一些好的经验与做法，从而真正提高课间活动的实效，切实推进课间文化的创建。

我校充分调动教师德育工作的积极性，汇集教师的力量，积极开展以年段为单位的德育工作研讨会，引导教师围绕"如何开展文明的课间活动"进行思考和讨论，教师们都能参与其中，或寻找问题，或交流经验，或提出解决问题的金点子。我校教师认真分析课间活动不文明的原因，主要是由于现在的学生平时的课余生活大多被电视、电脑、游戏机等占领，会玩的文明小游戏少之又少，加上受学校本身活动场地的限制，而且课间时学生还需做好其他技能课上课的准备，又受到时间的限制，导致学生无法到操场上尽情放松，在走廊和楼道内冲跑的现象也随之发生。如何有效防止这种行为呢？教师们在讨论中形成共识，那就是通过指导和优化学生的课间十分钟活动，让他们真正体验到课间游戏给身心带来的愉悦，体会到伙伴之间合作的快乐。我校还积极举行“快乐课间，文明游戏”的班主任经验交流会，让平时注重班级课间活动设计及班级课间十分钟活动内容丰富多彩、活泼有序的班主任在全校教师大会上进行经验传授。有的班主任谈到，班级在课间活动的指导上应因地制宜，在教室里设置小型的乒乓球台，给予学生自由快乐的空间；有的班主任则谈到，班级利用早会课列举校园课间发生的一些安全事例，让学生说说自己有什么想法和建议，并相机对学生提出“课间休息不吵闹，喝水放松别忘掉。跳绳踢毽做游戏，文明活动不追跑。帮助调节休息好，上课学习更精神”的要求，使学生不断明确文明健康的课间活动的有关要求……这样的交流会，可以起到交流、共享、相互启发、共同促进的作用，尤其是对一些新班主任而言，更是一场“及时雨”，能有力地推动课间活动的不断深入开展。

2. 分析问题，重在疏导

在课间文化的创建过程中，关键是要做到疏导有序，既给予学生思想上的疏导，又给予学生更多自主活动的空间，教会学生玩文明的小游戏，激发学生设计、创造游戏的意识和热情，通过积极开展健康、安全、有益的课间游戏，建设积极向上、愉悦生动、富有时代气息的课间文化。

在分析课间活动存在的问题后，我校积极利用“国旗下讲话”时间，让学生不断明确文明课间活动的益处，各班也积极指导学生就“课间十分钟是否做到文明”开展自查与互查，使学生愈加明白“在课间活动时只有守秩序，才会玩得开心”的道理，体会课间游戏应该是丰富多彩的，引导学生人人争当校园主人，用良好的文明形象为学校增光添彩。

同时，我校充分利用“红领巾电视台”这个阵地，播放少先队大队委拍摄的学生课间冲跑、喊叫等画面，然后进行精心制作，配上《文明在哪里》的歌曲，使这个短片更有教育意义；直播少先队大队委针对校园很多男孩子玩铁陀螺的现象，现场表演《陀螺风波》情景剧，使学生了解课间玩陀螺存在的安全隐患；德育处从学生的年龄特点和好动、好玩的特点出发，设计、拍摄并播放我校自行拍摄的《课间文明游戏》《古早的游戏》等视频，通过直观、形象的介绍，让学生懂得可以开展跳房子、踢毽子的文明课间活动，也可以开展攀绳、掰手腕、“你进我退”等有益又健康的游戏，还可以玩爸爸妈妈等长辈小时候玩过的一些游戏，如老鹰捉小鸡、滚铁环等活动。各班班主任指导学生认真分析和讨论班级课间活动的现状，鼓励学生做生活的有心人，多观察，多思考，回家多向爸爸妈妈请教，然后自己再设计、创造出一些好玩的、有意义的游戏。学生兴趣盎然，由此真正体会到文明小游戏的好处，纷纷设计出一些好玩、有趣的小游戏，活跃了课间十分钟的气氛。这些举措，使学生真正成为课间活动的主人，学生课间冲跑、喊叫现象明显减少，取而代之的是课间活动的文明游戏。

3. 示范指导，重在带动

课间游戏最终是要引导学生学会与伙伴合作，享受文明游戏带来的快乐。在课间文化的建设过程中，教师要积极调动智慧，充分发挥主导作用，采取示范、指导的做法，带动学生参与到文明游戏之中，让校园的课间文化更有生机，更有灵动性。

我校班主任利用各自的专长，设计了一些符合班级实际的、具有班级特色的课间游戏，并手把手地教学生玩一些文明的课间游戏，如踢毽子、玩沙包、跳皮筋、打乒乓球、运篮球等。可以说，教师的积极参与带动了学生的积极参与。体育教师根据学生的年龄特点，教给学生一些适合课间活动的游戏，如“贴膏药”“木头人”等，这些游戏融竞技于一体，让学生学会玩，懂得玩。同时，教师鼓励学生向长辈学习一些好玩的游戏。许多学生课余纷纷向爸爸妈妈和长辈了解他们童年时代的游戏，家长也在家与孩子互动，在小区、公园等场所教孩子滚铁环、运球等。教师又在此基础上，利用活动课的时间，组织学生进行比赛，让学生快乐放松，消除大脑疲劳，增进身心健康，提高交往能力，让课间充满学生的笑声。

4. 活动延伸，重在坚持

课间活动要成为一种常态化工作，要使学生能持之以恒地参加文明游戏，并逐渐成为学生文明的活动习惯，就要与学校开展的各项活动有机结合，结合校园中的“四节一会”等活动，与体育节比赛相结合，与活动课相结合，与班级之间的竞赛相结合，把课外活动与课内活动有机融合，体现完全以学生为主体的思想，使活动向更广阔的空间拓展与延伸，提高学生参与的主动性和积极性，充分发挥课间十分钟的效益，引导学生文明、安全、有序地活动。

我校鼓励学生在课间十分钟将全校大课间活动的内容进一步延伸，开展摇呼啦圈、踢毽子、打乒乓球等各种健康向上的活动。结合体育节活动，让学生上台展示、交流自己课间活动中的项目；各班班主任指导学生在课间根据体育节的参赛项目，积极地为体育节做准备，进行认真练习，如进行接力赛、扔沙包等小型比赛；结合体育节举行的长绳比赛，班级自主开展长绳过关测试，将学会跳长绳布置为家庭作业，让学生与爸爸、妈妈一起坚持进行练习，然后在课间时间指定学生专门负责训练，班级采取竞争机制，鼓励学生利用课间的时间多加练习，争取能参加班级的长绳精英队的选拔；结合科技节，指导学生动手做“瓶子小车”，让学生在课间用自己制作的小车进行比赛，看谁的小车跑得远。通过这样的竞赛活动，学生的积极性被调动起来，他们充分利用课间时间开展竞赛，体验成功的喜悦，同时也明白了文明的课间活动收获的是快乐和友谊，达到了课间活动文明有序开展的目的，学生展现出了健康、向上的活力。

5. 建立机制，重在促进

短短十分钟的课间活动，承载着学生的欢乐。要使课间文化能真正培养学生团结协作、与人交往的能力，提升学生的文明素养，就需要建立一种积极的评价、激励机制，借助这种评价、激励机制的引领，指导和优化学生的课间十分钟活动，真正帮助学生在课间时间既放松身心，又真正养成一种积极、文明的良好状态，提高德育的实效性。

（1）班级管理有制度。在课间活动中，各班要发扬民主，积极设立相关的管理制度，调动学生主动参与的积极性，建设积极向上、愉悦生动的课间文化。如我校有的班级就引导学生制订班级的课间文明活动公约，同时设立课间文明管理员，负责把班级课间活动表现好和表现差的学生名字记下来，班级再利用晨会课及时小结；通过一周一评，评出每周班级课间活动的文明之星，并作为年段每月文明之星评选的依据，以此来规范学生的课间行为，收效显著。

（2）年段管理有机制。各年级的教师积极配合年段做好课间活动的评比活动，各年段也设立年段课间督导员，着重加强课间文明活动的指导和督导，通过这样的机制，提高年段课间文明督导的实效。

（3）做好“红领巾当家一周”活动。德育处严抓课间活动这项较为薄弱的常规工作，以评比的方式促使学生进一步形成良好的行为习惯。大队部也组织大队委对课间不文明的行为进行督导、曝光，让学生愈加明白课间冲跑、打闹的危害。学校还积极召开有关的培训工作，对个别课间活动行为不文明又不虚心接受批评教育的学生进行培训，使之明晰要求，主动与课间不文明行为告别，积极参与活泼、文明的游戏，用自己的实际行动践行文明，为校园文明添彩。

总之，我校自开展“快乐课间，文明游戏”活动以来，学生主动参与的积极性得到了激发，学生走到阳光下，积极开展健康、有益、文明的课间活动，校园里充满着生机，充满着欢笑，充满着灵动，处处盛开着文明之花。

三、打造特色校园文化

校园文化是学校在长期的文化积累和历史积淀下形成的产物，是学校长期形成的人文环境和文化氛围，是一个学校的形象和品牌，也是学生成长和教师发展的平台。作为一所全国德育先进校，在新时期的德育工作中始终坚持德育为首、立德树人的思想，始终坚持育人为本的思想，培育文明有礼、积极向上的健康发展的学生，是我校一直以来不懈追求的目标。因此，我校自 2010 年 12 月起至今，申报了中国教育学会“十二五”规划“学校文化建设促进学生品德的发展研究”的课题研究。

作为本课题的主持人，我在近四年的课题研究时间里，和课题组的教师以课题为龙头，以精细化管理为抓手，坚持以人为本，积极探索构建适应时代要求的校园文化，通过开展健康、向上、丰富的校园文化活动，培育内涵丰厚的精神文化、品位高雅的物质文化、以人为本的制度文化、文明规范的行为文化、丰富多彩的活动文化，学校的校园文化建设日见成效，并逐渐形成了独特的校园文化特色，有效地促进了学生文明素养的形成，促进了学生健康、快乐成长。

校园文化建设是一种文化的建设，更是一种思想的建设，校园文化的核心是追求和树立共同的价值观，从而使师生形成一种向心力，把师生的行为系于一种共同的文化精神上。在校园文化建设中，需要构建教师的成长共同体，这是激发教师的教育智慧，促使学校文化成为师生共同发展的生态环境和精神家园的最基本的保证。我校以社会主义核心价值观为指导思想，倡导人人都是德育工作者的理念，构建全员育人的德育网络，加强德育队伍建设，不断提高每位德育工作者的职责和责任意识。积极开展以年段为单位的德育工作研讨会，引导教师围绕“如何开展文明的课间活动”进行思考和讨论，积极举行“快乐课间，文明游戏”的班主任经验交流会，推动快乐课间活动不断深入开展；积极举行班主任管理经验交流会、学科教师德育渗透经验交流会，引导各学科教师寓德育于学科教学之中，寓德育于丰富多彩的活动和大课堂之中，在教学中关注学生的道德生活和人格养成，找准学科教学与文明礼仪教育的结合点，并积极改进德育教学方式，采取直观、参与等多样化的教学手段和教学形式，让教育内容渗透在学校生活的各个方面；举行“面对‘特殊生’，我们该怎么办?”的交流活动，全体教师根据德育处推荐的两个“特殊生”的典型案例，结合自己的教学工作实际，认真地写好“特殊生”转化的案例，畅谈如何转化“特殊生”的好经验、好做法，不断提升教师爱的艺术和育人的水平；以厦门市班主任专业技能大赛为契机，开展班主任专业技能培训，我对班主任做“提升专业能力，促进自我成长”的专题讲座，并组织45岁以下的教师进行教育案例分析：“韩国‘岁月’号客轮沉没后，韩国媒体就沉船事件不禁拷问：该如何教育自己的孩子？是继续服从长辈或权威的指导，还是按自己的判断行事？作为一名教育工作者，请你就这个事件中引发的教育问题畅谈自己的想法。”同时，还就班主任上交的教育故事、班会课教学设计等进行认真评比，增强班主任作为班级管理者的核心意识。

我校还开展了特色班级的创建工作。班主任能运用教育智慧，将特色班级的创建工作与日常的班级管理工作紧密结合，达到以特色班级带动班级管理整体优化，促进学生健康成长的目标。全校37个班级立足于班情和学生的发展情况，积极申报特色班级项目，同时进行创建特色班级的经验交流，开展星级特色班的申报、录播和展播活动。我还组织开展了“校园文化建设金点子”征集活动，对学生上交的上百条“金点子”进行投票，评选出“十佳校园文化建设金点子”，采纳其中合理的建议，进行校园文化的改造与布置。同时，对学生厕所进行布置，极富童趣的墙贴使得校园的厕所也充满童趣与活力。此外，精心设计“失物招领”处，让校园的每一个角落都充满童真童趣。优美的校园人文环境的建设，给莅校参观的中外友人留下了深刻印象。

校园文化建设主要是学校行为文化的建设，这是校园文化建设的根本任务。在学校行为文化的建设上，我校始终站在全面育人的高度，以学生的发展为本，结合学校实际，始终坚持开展“让文明永驻心田”的活动，积极培育和践行社会主义核心价值观，引领学生不断增强道德教育的时代感，拓宽道德教育的渠道，积极开展富有时代意义、多姿多彩的德育活动，让多彩的校园文化适应学生精神需求的多样化、个性化的特点，引领学生理解文明的内涵，促进学生健康心理的形成，使学生的个性得到张扬。结合迎接我校建校七十周年这个教育契机，开展学校优良传统教育，引导学生从我做起，从身边的小事做起，立志向，有梦想，不断奋发进取，成为积极向上、乐观进取、勇于担当的实小人，成为爱学习、爱劳动、爱祖国的有用人才。举行“学楷模，共筑实小梦”开学式，开展“争当最美实小人”活动，充分利用“国旗下讲话”、演讲、征文等形式解读校风、校训、教风、学风，让学生了解我校在办学的七十年里已培养了上万名莘莘学子，他们积极践行着学校的校训，在教师们的谆谆教导中，在良好校风的培育下健康成长，是最美的实小人。切实抓好毕业班学生的工作，树立爱校情怀，引导学生在毕业之际用自己的文明言行为母校增光添彩。各班主任给学生写毕业寄语，指导学生设计“我的毕业梦”近期奋斗目标，在校报《凤凰树》以“莘莘学子，凤凰花开”为题进行登载。邀请福建省厦门第一中学高级教师、厦门市关心下一代工作委员会讲师团团长郑启平先生到校为学生做“我的人生历程中九个‘最’”专题讲座，使学生明白要刻苦学习，把握机遇，创造自己的美好人生，实现中国梦；我给毕业生做“争当合格的实小毕业生”专题讲座；学校心理专职教师张艳红为学生做“中学遐想”专题讲座，鼓励学生做好小升初的各项衔接准备；还分别邀请心理分析博士、国家级心理咨询师、一年级学生家长、妇产科医生到校为男生和女生做青春期的教育，有效地帮助青春期阶段的学生学会自我认识、自我认同和自我定位；举行“感恩母校，放飞希望”的毕业典礼活动，引领学生放飞梦想，激励学生从实小起航，迈向人生的另一个阶段，健康成长。我还积极带领课题组教师编印《实小文明人成长手册》，做到低、中、高各年段各有侧重点，从“礼仪小学堂”“实践大舞台”两大板块，采取学生自评，伙伴互评，教师、家长综合评相结合的方式，将“争当大楼（大院）里的好孩子”“争当最美实小人”等一系列评比活动有机地融合起来，形成一个综合性、系统性的自主教育活动体系，把评价活动向家庭、社区、社会延伸，不断完善德育课程和评级体系，培养文明有礼、自信大方的实小人；编写《点滴小事来做起，“诚、勤、毅、创”记心间》快板并指导学生在“国旗下讲话”中进行表演，帮助学生理解“诚、勤、毅、创”四字校训的真正内涵。“红领巾电视台”积极开设“红领巾论坛”栏目，拍摄《最美实小人》《古早的游戏》《课间文明游戏》《文明有序过天桥》《特色班级展示》等节目；利用《凤凰树》校报及时播报、宣扬优秀事迹，弘扬正气，树立榜样，进一步帮助学生深刻理解校训“诚、勤、毅、创”的内涵，使学生明白，最美的实小人应该有文明、有礼的礼仪素养，有勤奋进取、顽强拼搏的精神，更应该有一种永不满足、不断创新的品质，使学生懂得，在形象礼仪中要以“规范、合体、整洁”为美，活动集会礼仪中要以“安静、有序、文明”为美，交往礼仪中要以“微笑、礼貌、友爱”为美，从小养成良好的道德、文明习惯。

学校要塑造人，要促进学生的健康成长，就要了解学生发展中的需求，不断完善评价机制，帮助学生认识自我、建立自信，促进学生不断完善自我。在德育工作中坚持评价主体多元化、评价内容科学化、评价方法多样化、评价过程动态化的原则，设计形式多样的、富有生机和活力的竞赛、实践和评优等活动形式，不断完善促进学生发展的评价机制；通过丰富的评价机制，全面、科学地评价学生，让激励性评价机制唤醒学生的自我意识，激励学生主动参与活动，使学生在活动中锻炼成长；同时积极引导学生进行反思性自评，促进学生自我教育、主动发展。在以人为本的校园文化建设指导下，我校充分考虑到家长的需求和学生成长的需要，形成了独具特色而富有经验的家校文化，家校教育工作已然形成合力，家庭、学校、社会三位一体的教育模式已然构建成形，学校德育工作因此焕发出无穷的活力，更好地发挥了社会主义核心价值观的引领作用，让社会主义核心价值观真正扎根于学生幼小的心灵，并孕育出真善美之花，学生在学校、社会、家庭的共同关注下健康成长。

在近四年的课题实施过程中，我不断创新德育工作形式，促进学校德育制度建设不断完善，促进学校德育方法不断改进，提升了班主任教师队伍的素养。丰富多样的德育活动，多姿多彩的学习生活，凝聚了全体教师、家长和社会之力。我们坚持以人为本的思想，构建了文明健康、富有学校特色的校园文化，促进了良好班风、校风的形成，使学生在实践活动中形成了良好的人格品质和道德习惯，形成了“文明有礼、品德优良”的实小特质。

我校德育工作已然成为我校校园文化建设的一大品牌，在国家、省、市级各项检查评比中均获佳绩，近几年来先后被光荣地授予“厦门市德育先进学校”“福建省德育先进校”“厦门市‘文明小博客’先进学校”等称号。

第五章 师爱，是一种共生

好的教育，是教师与学生彼此生命的抵达，教师与学生一起成长，共同进步。家庭和学校是成长中的孩子最重要的两个“场域”。教师是学校和社会、家庭联系的纽带及桥梁，教师应和家长建立良好关系，注重与家长沟通，让教育智慧在家校合力中实现和合共生、情智共生、互融共生，最终达到优化教育效果的目的。

教育的合力在互动、智慧、共赢。

有人说，爱心与教育在本质上是一种共生关系，在这种共生关系中，教师与学生是一对互相依赖的生命，是一对共同成长的伙伴，师生双方互相依赖、互促成长。教师在与同行的相互交流与研讨中、在家校协同教育中，反思学校、家庭教育工作中的种种问题，从而正确认识学生的心理特点、成长规律及教育策略，让教育真正走进学生的心灵，促进学生的健康成长。教师还在对外交流中打开视野，提升自我素养。

教师应注重自身的专业成长，在师生、师师、家校共生中实现互动提升、智慧成长，实现教育的共赢！

第一节　互动——灵魂的对话

教师的素质决定教师的教学水平与能力，决定学生知识水平的高低和学习能力的强弱。教育，是一种精神文化的旅行。好的教育，是教师与学生彼此生命的抵达，教师与学生是共同体，教师与学生之间形成一种特殊的师爱“共生效应”，即一起成长，共同进步。教师要用精湛的教学艺术，在知识和学生之间架起一座桥梁，给予学生阳光的生命状态，以自己的德、才、情给学生以思想上的启迪，指引学生走向幸福、美好又充满快乐的人生。

一、师生同读的思与悟

我在语文教学中，积极探索对多种阅读资源的开发和合理运用，探索积极推进学生阅读发展的有效的评价手段，以提升学生的阅读质量。与学生在一起的时候，我与学生同读一本书，重点指导《三毛流浪记》《昆虫记》《淘气包马小跳》《木偶奇遇记》等书，积极教给学生阅读的方法，鼓励学生每天坚持阅读 30 分钟，提倡亲子阅读，不定期组织读书汇报会等。在不断地指导与交流中，学生感受到了阅读的乐趣，尝到了阅读的甜头，进而养成了坚持读书的习惯。

我还结合语文教学相应拓展学生的学习资源，鼓励学生通过多种渠道收集相关资料，从中获取有益信息；积极推荐学生阅读《日有所诵》，如学习《寓言两则》后，推荐学生阅读《寓言故事》，学习《丑小鸭》后，指导学生读《安徒生童话选》等；结合语文教学，指导学生排练课本剧《酸的和甜的》《坐井观天》《从现在开始》等，使得课内的学习向学生的各个生活领域延伸和拓展，也使学生能自觉地在课外选择与课堂所学的语文知识相关的读物，有效提升阅读价值。在与学生一起阅读的过程中，我注意用有效的激励手段，促进学生形成良好的阅读习惯，同时以自己的阅读热情激发学生的阅读兴趣，以自己的阅读经历引导学生有效阅读，让读书成为习惯，让学习成为生存的方式。

我在与学生同读《淘气包马小跳》系列丛书时，更是对学生、对教师、对教育产生了新的感悟与思考。

作者杨红樱以自己当年调皮捣蛋的学生为原型创作了《淘气包马小跳》系列丛书，书中讲述了关于孩子的一个个真实的故事。那么，她所创作的马小跳在学生眼中是个怎样的孩子呢？

当我在课堂上让学生以“我眼中的马小跳”为题交流读书收获时，他们都这样说道：“马小跳是个具有孩子的天性、保持着天真可爱的童心、一直快乐生活的孩子！”“马小跳虽然学习没那么好，但是心灵是纯洁、善良的。比如，他用自己的爱心改变别人，用种种关爱动物的行动改变了麦冬娜姐姐，使她也随着马小跳保护这些可爱的小动物。”“在路曼曼和秦老师的心目中，他是一个超级淘气包，但我觉得他诚实、善解人意、乐于助人。”“马小跳是一个表现不好，却有着天真孩子气的快乐男生，他就像生活在我身边的小伙伴。要是有一天我能和马小跳交朋友，我该多么高兴啊！”“在我们身边，有许多像马小跳一样的同学，他们的成绩不是特别优异，表现也不是特别乖巧，但他们都是独一无二的。我想，每个人都有着像星星一样的闪光点，值得我们去发现、去欣赏！”“我发现在我们班上几个人有马小跳的影子，他们虽然会捣乱，但是他们爱帮助别人，爱为班级服务！”……有的学生甚至还发出这样的呼喊：“我多么希望秦老师和路曼曼能对马小跳好一点，还他一个幸福美满的童年啊！”

学生的话语真切，情感真诚，看来，杨红樱创作的这套“滋养孩子心灵成长的心灵鸡汤”的丛书已然住进孩子们的心里。在阅读作品时，他们不仅被这部作品的诙谐幽默、好玩有趣所吸引，更走近了马小跳这个既平凡又不寻常的小男孩，与他一同欢笑，一同忧愁，从他身上找到了自己或是伙伴的影子，并初步树立了正确的成长价值观。

作为一名教师，我在与学生同读《淘气包马小跳》时也走进了马小跳的世界，和书中的马小跳进行了一次近距离的接触：这个我们教育者眼中的淘气包，即所谓的后进生，能深受学生的喜爱，就在于他的身上虽然缺点不少，但是优点鲜明，率性纯真。正如杨红樱说的：“马小跳一直是我想写的一个儿童形象，可以说，他是我的理想，我在他身上寄予了太多的东西，比如，我的教育理想，家庭教育的理想和学校教育的理想；我对当今教育现状的思考；我对童年的理解，对孩子天性的理解；这里还包括我做老师、做母亲的人生体验。我笔下的马小跳是一个真正的孩子，我想通过这个真正的孩子呈现出一个完整的童心世界。”读完这套丛书，我不得不再次审视自己的教育工作：从教 20 多年来，在我的教学生活中，似乎总是少不了马小跳似的学生，在平时的教育工作中，我有时总会为学生的顽劣伤脑筋，有时会因为教育的实效性差而内心焦虑，甚至有时认为这些淘气的学生有如一块顽石，真是无可救药。这套丛书不禁引发了我对该如何树立一种正确的学生观，如何教育、引导这些马小跳似的学生，让他们保有自己的天性，拥有一个快乐的童年等问题的深层次的思考。

思考一：我们要培养的是什么样的学生？

我觉得，只有教师确立正确的学生观，才能更好地引导自己的教育行为。

学生如花朵，一朵有一朵的美丽，一朵有一朵的芬芳。教师面对的是孩子，是有血有肉的生命，是有独特秉性的个体，是在不断成长和发展的鲜活的生命。教师要当一个充满智慧的园丁，培育出具有生命化、个性化的花朵，让每种花都有它的美丽，都有它的芬芳，都绽放出最美的光彩。那么，在当今社会飞速发展的时代，我们要培养的是一个什么样的学生？在《淘气包马小跳》系列丛书中，从作者笔下的马小跳及其三个死党——张达、唐飞、毛超身上，我深刻感受到，虽然这些学生由于调皮捣蛋、惹是生非、不太遵守纪律而被老师和同学们视为后进生，而且还个个长得“歪瓜裂枣”，但他们身上所具有的纯洁、善良、友爱、敢作敢为等闪光点告诉我们：我们要培养的学生首先应是阳光向上、心理健康的学生；其次，应是敢作敢为、有责任感，文明有礼、友爱他人，有好奇心、有创造力的学生。总而言之，我们要培养的学生应该是具有儿童天性的学生，更是个性张扬、童心舒展的鲜活个体，他们有理由并应该拥有健康、和谐、完美的童年。

思考二：我们要成为一名什么样的教师？

《淘气包马小跳》系列丛书为我们生动描绘了小学校园中的诸多老师形象：有爱学生，但不懂得学生的心思，常常在不知不觉中伤害了学生自尊心的秦老师；有课堂上给学生变魔术，让严谨的科学课变得生动活泼的轰隆隆老师；有具有先进的教育理念，以要让学校成为孩子们童年的乐园为奋斗目标的欧阳校长；还有善于发现孩子的优点、性格温柔的林老师。书中塑造的这几种不同教师的典型代表，也给予我这样的启发：什么样的教师最受学生喜欢？能寻找到一条通向孩子心灵的道路，因势利导，对学生的成长产生一定的影响，让学生在快乐中真正享受教育的幸福的教师最受学生喜欢。

教师是引领学生走向幸福的人，是学生精神生活的关爱者，教师要关爱每一位学生，关注学生的点点滴滴，让学生成为最好的自己。

教师要有一颗爱心。一位受学生喜爱的教师，首先是一个有一颗爱心的人。师德的核心是关爱学生，师爱的核心是尊重。在学生成长的过程中，爱就如阳光和空气一般重要。教师的爱包括理解、尊重、宽容、平等、关怀、引导、责任这七个要素。尊重是学生生命的需要，信任是学生最大的幸福，鼓励是最好的教育。可以说，爱就是教师为学生搭建的通过成功的桥梁。在教育中，教师要注重情感上的投资，用诚挚的心、真诚的爱，平等地与学生尤其是后进生进行触及灵魂的沟通和交流。老师要用理解搭设一座心灵的桥梁，消除彼此的隔阂；用宽容触摸学生情感的脉搏，沟通彼此的心灵；用赏识点燃学生希望的火花，唤醒沉睡的心灵，让他们在感受到教师的真诚与爱心的同时，获得愉悦，感受到被肯定、被尊重，从而学会以自己的行动去关爱他人、学会自律、学会做人。

教师要有一颗公心。杨红樱曾经这样说过："有个词叫'同情心'，也可以理解为'同理心'。我一直抱着一颗同情心来面对孩子的成长，面对他们成长的烦恼，面对他们所犯下的错误。"因此，她笔下的秦老师虽然教学经验丰富，对学生倾注了全部的心血，但她总是对马小跳怀有偏见，无形中给马小跳的成长带来许多负面的心理暗示。教师要成为带给学生愉快与幸福的使者，就要一直抱着一颗同情心、保有一颗公心，做到公平、公正，用同理心感受学生的需求，注重换位思考，与学生进行心与心的沟通、情与情的交流；要尊重学生的人格，平等、公正地对待学生，学会赏识，学会尊重，成为学生的知心伙伴；要做到对每个学生都不偏袒、不偏爱、不放弃，给学生正面的、客观的、公正的评价，并相信每个学生都有自己的长处，善于发现学生的长处，帮助他们树立自信，引领他们走进一个充满爱与真诚的情感世界。

教师要有一颗慧心。教育的智慧来自平凡生活，从平时的每个细节处彰显。教师要以学生为本，遵循学生的成长规律，尊重学生的天性，用智慧巧妙应对；要了解学生的心理需求，因材施教，注意倾听学生的心声，善于把教育要求隐藏在生动的故事和情境之中，引导他们自觉、主动地接受其中的道理，养成良好的行为习惯，在成长过程中获得快乐。

思考三：我们应该怎样教育、引导学生？

美丽的校园是每个学生萌发梦想的摇篮。每个学生的内心都有积极向上的思想。但是，也应该看到，对于有些学生，教师必须有足够的耐心等待，特别是一些所谓的后进生，他们表面上似乎对一切都毫不在乎，但内心深处，他们更在乎老师的关爱，更在乎别人的肯定，更在乎获得一种成就感，只是他们缺乏自我管理能力，需要通过外力来帮助他们改变自我、成就自我。学生每一天都在成长，每一刻都在变化，他们需要的就是在教师不断的引导中逐步树立正确的人生观、价值观，健康成长。

教师要让教育回归本真。教师要真正尊重学生的天性和个性，尊重学生的认识和成长规律，以学生为本，真诚呵护学生，用爱心培育学生，尊重学生的个体差异，善于用一双慧眼时时留心观察学生的行为举止和思想动态，从他们微妙的表情、细微的动作中捕捉他们身上所呈现出的信息，及时进行引导；要站在学生的角度，认真分析学生顽劣的原因，进行冷静的分析，注意多一颗平常心，少一点浮躁，多一些耐心，少一些斥责，了解他们成长的需要，寻找他们情绪波动的根源，积极采取“曲线救国”的方式，极力避免与其“正面交锋”，用理解、尊重、关注、引导，逐步走进学生的心灵，与他们沟通，在与学生的交流中不断了解他们的兴趣和爱好，了解他们的欢乐和忧愁，走进他们的内心世界，对其加以引导、激励和帮助；要关注学生的行为表现，从细节当中发现他们的闪光点，为他们提供展示才能的舞台，使他们体验到一种成就感，激发他们的进取心，像园丁一样，发现并铲除学生心灵中的“杂草”，细致、耐心地在学生心灵种上“庄稼”。

教育是慢的艺术，教育需要等待。记得马小跳曾对秦老师说过这么一句话：“您不要着急，我会慢慢长大的。”所以，教师也要耐心等待学生身心舒展，如花儿般自由吮吸知识的营养，凝聚智慧，增强力量，只有这样教育才会触及学生的心灵！面对顽劣的学生，教师要抱着尊重的态度，让情感的触角深入到学生的内心世界，给学生一定的时间反思自己的不足，或是提供给学生一定的平台展示自我，树立其自信心，激发其内在积极向上的驱动力，给学生带来幸福感和快乐感；要善于放大孩子的闪光点，通过多元评价方法，给予多角度的激励评价，促进学生的发展；要经常与家长沟通，共同反思家庭与学校教育工作中出现的种种问题，家校携手，及时掌握学生的学习状态；教师还要用精湛的教学艺术，在知识和学生之间架起一座桥梁，帮助他们不断获取成功的体验，给予学生阳光的生命状态，让学生在充满人性化的教学氛围中快乐地学习，不断激发学生对学习的热爱，对美好生活、对大自然的热爱，让教育真正走进学生的心灵。当学习能满足学生自我进取的需要，当学习的成功体验越来越多时，学生就能在学习道路上快乐成长。只有这样的教育，才能最终直抵教育的本真，真正去呵护幼小的童心，捍卫学生美好的童年！

二、师生互动，实践智慧

课改下的课堂，是生命的课堂，教学就是生命与生命的交流。构建互动的师生关系、教学关系是新课程下教学改革的首要任务。“双主体论”的建立，“师生学习共同体”的建立，都意味着教师与学生都是教学的主体，教学过程是师生交往、共同发展的互动的过程。在课堂中，教师与学生、学生与学生之间真正实现互动，包括知识、情感、态度、需要、兴趣、价值观等方面，同时还包括双方的生活经验。正因为如此，教学不是毫无热情地把知识从一个头脑装进另一个头脑里，而是师生每时每刻都在进行心灵的交流。课堂应该是适合学生自主学习的场所，要让课堂成为学生自主实践的场所，教师在课堂中就要和学生一同走进文本，在学生与教材之间发挥引导、搭桥的作用，导情、导悟、导法、导做人。在学生思路不畅通时进行疏导，在他们思路偏离目标时积极引导，在学生思路狭窄、不开阔、钻牛角尖时给予开导，让学生调动原有的知识、经验，认识新问题，同化新知识，使学生与文本联系，与已有的知识和经验联系，与相关的信息和材料联系，与未知世界联系，与教师、同伴、文本、生活多向对话，使教学成为一个辐射源，使学生能轻松领略穿越语言文字所带来的无穷乐趣。

课堂对教师而言，是一个充满智慧和创造力的场所，是展现教师知识储备、演练教学技艺的场所，是教师个性化的教学艺术得到淋漓尽致的展现的舞台，更是教师积极进行智慧实践的场所。与要学游泳就得下到游泳池中亲自尝试才能逐渐掌握技巧的道理相似，教师教学经验的丰富性、教学机智的灵活性也需在课堂上通过操练得以验证。这也就是说，教师要实践智慧，应该依托于课堂教学。因为面对洋溢着生命活力的课堂教学，面对知识和经验迥然不同的学生，教师更需要积极运用教学智慧，在师生有效的互动、心灵的碰撞及彼此的思辨中，及时把握有效的教学时机，积极化解教学中出现的矛盾和冲突，并对学生进行巧妙引导。在此过程中，教师进一步挖掘文本丰富的内涵，进一步感受作者丰富的情感，同时在具体的教学实践活动中领悟教学智慧。

1. 互动中启迪智慧

智慧的课堂是开放的、互动的，是充满激情、充满活力的。教师的实践智慧是共生的智慧，它需要教师在课堂教学中坚持“以学生为中心，互动生成，全面发展”的有效教学理念，在师生、生生、生本之间的心灵对话与真情交融的过程中，搭起一座沟通的桥梁，实现互动的有效性，以充分调动学生学习的积极性，帮助学生打开思维，拓展学生想象的空间，引导学生进行传情达意的交流，并使得师生在课堂教学中相互启发、共同提高，从而对文本有更为个性化的理解。这样，教师的实践智慧也会在与学生的相互作用中积极实现、共同发展。

教师在课堂教学中要把学生的学习状态作为关注的焦点，时刻关注着学生的关注，惊奇着学生的惊奇，感受着学生的感受，充分调动教学机智，保持课堂的高度灵活性与开放性，随时开放地纳入学生直接的经验、即兴创造、创生知识；要善于捕捉教学中闪现的智慧火花，积极发现学生独特的思维方式和新奇独到的见解，并对课堂中非预设性的知识进行捕捉与把握，同时对课堂中的动态生成进行提升。在师生的交流互动中，引导学生对文本进行多元理解，教师自身对语文教学敏锐的洞察力、深刻的思维力及灵活的调控力也会进一步得到提升。

如在教学人教版语文三年级上册中的《掌声》一文时，一位教师在教学中始终扣住“掌声”这个点，引导学生围绕“是什么改变了英子？课文中写了几次掌声?”，全方位、多层面、立体化地进行师生对话、生生对话、生本对话。当课堂上有学生谈到文中英子在同伴的掌声中讲述自己的一个小故事这个细节时，说这是英子在掌声中得到自信的表现；有学生从“甚至”这个词谈到对于一个腿脚有残疾的孩子来说，让伙伴教跳舞是出乎意料的、令人惊喜的举动，不仅写出英子能忘记自己的缺陷，更使她从这里读懂了掌声中所蕴藏的力量……显然，学生是在与文本对话中抓住了文本中的细节描写，细心品读，读出了自己的体会。学生的发言也启迪着教师的实践智慧。这位教师不再仅仅把教学的着眼点放在英子最初忧郁的原因是什么，而是积极调整教学策略，及时、敏感地抓住学生的感悟点，引导学生抓住文本的这条暗线，与作者一样将目光投向那个被遗忘的角落，体会英子内心的孤独与注视中的期待，并让学生从这些字词的铺设中走进英子的内心，感受到掌声中震撼人心的强大力量——爱，就如阳光一般，洒向英子灰暗的心灵，驱走忧郁，给她带来阳光。由于教师在师生的互动中受到启迪，借此深入挖掘文本中的情感因素，以此作为学生与文本对话的情感共鸣点，学生也在与英子的亲密对话中，解读了作者在文本中所蕴含的“掌声就是一曲爱的奉献”的人生真谛，实现了对“掌声”内涵的有效拓展与理解。

2. 碰撞中迸发智慧

充满灵性的课堂，是心与心的交流、思想和思想碰撞的课堂。教师在课堂教学中要找准文本中的动情点、冲突点、思维点和生发点，创设多元情境，进行情感的铺垫，引导学生凭借文本提供的语言材料，静下心来细细品味。教师可以引导学生从整篇文章入手，去品出文章的“味”，去感悟人物的内心，也可以引导学生从一个感悟点酣畅淋漓地表达自己的见解……这样，当教师在课堂上给学生与文本亲近的时间与空间，学生会在与教师、伙伴、文本之间展开亲密的对话中与文本产生共鸣，有效实现学生与文本的双向沟通；而教师在帮助学生对文本中精妙的语言文字进行品读，让学生在心与心的碰撞中，进一步领悟文本中的情味与韵味时，教师自身的实践智慧也将得以迸发。

如在教学人教版语文六年级上册《老人与海鸥》一文时，一位教师紧紧把握“感受老人爱海鸥的情感”这个情感目标，以此作为教学的突破点。在课末，教师问学生：“你认为文中的‘白鸥飞处带诗来’这句诗中的‘诗’字还可以换成什么字?”刚开始学生有些畏难情绪，教师立即引领学生再次研读课文，让学生抓住老人说“海鸥是吉祥鸟、幸福鸟”等词句进行感悟，学生的思维受到启发，纷纷说出可以换成“欢”“祥”“乐”“喜”等。其中有一个学生说：“我认为可以换成‘福’。因为在老人看来，海鸥与他相伴，给他带来幸福。”另一个学生则说：“我认为可以换成‘情’，因为老人心系着海鸥，情系着海鸥。”……在教学中，对“诗”这个字的品读犹如一根导火索，点燃了学生与文本、与教师、与同伴的情感，也使得情感得以迸发。可以看出，由于教师在课堂上能适时运用教学语言的生动描述，引发学生进行热烈的讨论，从而使学生对文本的理解更为精辟、独到，他们读懂了在老人眼中的海鸥是诗、是歌、是快乐与幸福，真切感悟到人与海鸥之间的深情，教师的实践智慧在课堂教学的生成中也得以展现。

3. 思辨中提升智慧

古人云“慎思之，明辨之”。所谓“思辨”，指的就是作为教学的推进者，教师在课堂教学中要紧扣单元的训练点、文本的情感线和学生的迷惑处，以具有思考价值的问题作为教学的主线，引领学生进行品词析句，启迪学生的思维。同时，教师要重视学生在对语言的品读感悟中所迸出的思维火花，及时捕捉教学中生成的、发展性的问题，充分运用教学机智，以此为突破口来设计教学，提供给学生思维的支点，引导学生经历阅读的全过程。当教师在引领学生走进文本进行思考、阅读的过程中，教师的教学实践智慧也会得到发展与提升。

如在教学人教版语文六年级上册《我最好的老师》这篇课文时，一位教师把作者在文中对怀特森先生前后甚至截然相反的评价和情感作为教学的线索，积极创设情境让学生思考：“如果你是怀特森老师的学生，面对怀特森老师这种种出人意料的举动，你会怎么想?”然后展开全班的讨论交流。在这个过程中，学生的讨论大胆、热烈，教师始终给予关注与引导。当学生的发言偏离文本时，教师立刻引导学生从课文中寻找依据，使学生在自主品读、咀嚼中明白了正是在怀特森老师创设的一个个饶有趣味又充满刺激的过程中，他的学生逐渐增长了见识，也逐渐懂得了如何去接近真理。课末，教师再引导学生就“你觉得怀特森是不是最好的老师?”这个问题畅所欲言，并对学生学习过程中出现的问题利用教学机智恰到好处地进行引导，进行有效的调控，学生在课堂上积极的思维被唤起，他们在与教师、同伴的思辨与对话中进一步感受到怀特森老师独特的教学魅力，更明白了在今后的学习道路上要具有独立思考、独立判断的能力和科学的怀疑精神，教师在积极帮助学生解决问题的过程中也同样实现了自身教学实践智慧的累积与提升。

三、师徒结对，共同成长

教师的成长需要一定的平台、一定的氛围。我校在全市率先开展了“教师专业化‘梯队发展’的师训新模式研究”二级导师制师徒工作小组，这是我校为教师成长提供的一片沃土。它以课题研究为龙头，促进教师教学合作，引领教师专业成长，使教师专业发展呈现出良好的势头，它更给了我在课改中不断前行、进取的无限动力。

自 2006 年我加入这个工作小组以来，在这个注重团结与合作的团队中我深刻感受到，这些年来，不仅仅是学校整个教师群体校本研训的建设得以顺利进行，我作为一名教师，置身于这个团队中，自我研习的向心力也得以推进，自我专业成长的信心与责任感也得以培养。在这段成长旅程中，我留下了在课改前行道路上的串串足迹。

在二级导师制师徒工作小组中，通过“积极开课—互相听课—参与研讨—总结反思”四步走的教学研讨，我不断提升自己的教学能力。结合小组工作目标，从个人实际出发，立足岗位，从师德与师能两方面不断提高自身素质，并对初级导师进行全面指导，促使自己在专业上获得成长与进步，逐步形成自己的教学特色。

我给自己制订了目标：要不断学习，勇于探索，使自己和学生、和教学共同成长；积极参加工作小组、学校及市里组织的各种培训，每学期认真读一至两本教育专著，写一万字的学习心得或教育教学工作笔记；经常登陆教育类网站阅读有关的文章，每周至少看一节名师的教学录像课或课堂教学实录，学习名师的理念、精神、人格和境界，体会名师的教学魅力，感受名师的教学风格；结合自身的教学实践，与教学理论有机融合，写感想、反思或心得，并与工作小组的教师一起交流、探讨，共同分享学习的收获，不断提高理论水平；通过校园网，与工作小组的伙伴搭建网络学习平台，认真学习工作小组组员推荐的理论文章并及时发表自己的观点，积极进行网上评议，与合作伙伴进行思想碰撞。

在指导初级教师工作上，我也给自己制订了目标：要注意以教师为本位，以尊重、信任、培养和发展教师为终极目标，有序地开展指导工作，增强实效性，以调动教师的积极性、主动性和创造性，使初级教师在专业化道路上得到发展。具体做到以下几点。

（1）开放课堂，让初级教师经常听自己的随堂课。每学期能抱着虚心学习、沟通交流、研究提高的心态听课，争取多听初级教师的随堂课；认真听工作小组其他教师的课，听课时能及时将教学感受记录下来；听课后能注意捕捉对课堂教学的感悟，进行认真思考，并与初级教师、工作小组的教师一起探讨、总结，以帮助初级教师不断汲取教训，不断提高课堂观察与课后评析的能力，提高教学艺术，促进其专业发展。

（2）能在平时对初级教师进行全面细致的观察，注重指导的方法，及时对初级教师教学工作中处理不当之处加以分析，对成功之处加以总结，做到目标明确，培训有效，帮助初级教师不断成长。在指导初级教师的工作上要做到以下三个阶段。

第一阶段：深入理解新课标，根据新课标的要求确立教学目标、教学重难点，并能根据学生的实际情况和本校的教学实际确立切实可行的教学方法，通过活动来提高教师理解、驾驭教材的能力；及时了解班级动态，了解班主任工作的一般规律并能运用其指导工作，能较顺利地树立起班风、学风，较圆满地组织班内教育活动，自觉地开展学生的思想工作，解决好班内一般问题，使所带的班集体秩序稳定；培养良好的自我学习习惯，每学期至少读一本教育教学理论书籍，做好读书笔记，并写出心得；在教案中写好教学反思，反思内容字数不限，重在记录感悟，总结得失。

第二阶段：每周互听一节课，课后进行交流，找出不足，总结经验，提高课堂教学能力。注重给初级教师上好示范课，让初级教师走进课堂听课，我也走进课堂相互交流，探讨教学体会，畅谈教学感受，倾诉教学困惑，研究解决方法，介绍成长经历。或就某个专题开展讨论，发表自己的见解，努力给他们创造学习和展示自己才华的机会。

第三阶段：初级教师独立上课，上课前阐述自己的想法及上课的程序，通过反复磨课，打磨精品课，展现自己的成长历程。指导他们撰写教育教学论文，尽可能在原有的基础上使得原有班级的学习成绩有显著提高。

总之，我在二级导师制师徒工作小组中，为了加速年轻教师教学入门、成才，成为教学上的主力军，积极发挥学科带头人的辐射作用，在指导工作上做好“传、帮、带”工作，帮助年轻教师实现“一年内站稳讲台，三年内成为合格教师，五年内成为优秀教师”的目标。在二级导师制师徒工作小组中，我与结对子的年轻教师通过相互启发、相互学习、相互切磋，达到共同提高的目的，使年轻教师成长得更快，使其紧跟当前教育教学改革的步伐。我也尝试着让课程成为自己穿越教学这段旅程中的全部，因为我坚信，自己终有一天能达到教育的自由之境，获得在专业发展上的成长与进步，逐步形成自己的教学特色。

第二节　携手——共育的力量

家庭和学校是成长中的孩子最重要的两个“场域”。教师是学校和社会及家庭联系的纽带和桥梁，家长是孩子的家长，学校是孩子的学校，一切都是为了孩子的发展。学校教育的最佳境界是点燃学生心中的“火”，营造催人奋进的“场”，搭建探究实践的“台”，激励学生自主发展、自我完善。

教师必须要和家长建立良好关系，注重与家长沟通，帮助家长更新自己的教育观念，掌握科学的教养方式，建立良好的亲子关系，通过给予多角度的激励评价，让教育智慧在家校合力中实现和合共生、情智共生、互融共生，最终达到优化教育效果的目的。

一、学校携手，助力梦想

美丽的校园是每个学生萌发梦想的摇篮。每个学生的内心都有积极向上的思想。但是，我们也能明显地看到，新教材比传统的教材对学生的要求更高了，现今的家长对孩子的期望也更高了，一些后进生在学习中虽然也有体验学习乐趣的愿望，但是即使他们付出多于其他伙伴几倍的精力，学习成绩依然落在后面。

正如苏霍姆林斯基在《给教师的建议》中将后进生喻为蕴含着丰富地下矿藏的土地那样，对于后进生，教师要不歧视、不抛弃，帮助他们适当抑制占优势的、经常被使用的学习能力，提升发展滞后的学习能力，积极开发他们的潜能，帮助他们提高学习成绩。后进生更需要教师有一颗热爱学生的心去接纳他们、引导他们，帮助他们不断获取成功的体验，使他们在学习道路上快乐成长。教师要善于用发展的、肯定的、差异性的目光看待个性鲜明的后进生，给他们以信任和关怀；善于抓住后进生积极向上的心，用春风细雨般的教诲，温柔的、善解人意的眼神，积极引导、不断增强后进生成长的内在驱动力；善于用眼关注，用情启迪，用心思索，积极用得体的教育行为保护后进生的自尊心，树立后进生的自信心，使他们乐于接受教师的训导……爱默生说：“教师只有用爱心对待每一个学生，特别是思想行为有偏差、文化学习滞后的学生，更要用宽容心对待他们。对于学习较差的同学，我们要特别注意保护他们的积极性。”

后进生在学习过程中主要存在这些问题：（1）记忆困难。写字常多一笔或少一画，错字多，对形声字和同音字常分辨不清，对教师口头交代的事情常弄不清楚。（2）语言能力差。学习外语更是显得力不从心。（3）计算能力不太好。口算速度很慢，对概念与公式理解不了，也不懂得运用。（4）注意力不能持久。上课爱走神，特别是当教师讲解深奥的内容时，总是一脸茫然，无法从教师的讲课中得到任何有意义的信息，教师讲课的内容未能进入他们已有的知识结构中；上课时总是做小动作，难以专心听讲。（5）动作磨蹭。写作业很拖拉，家长总要耗费很多时间陪读。（6）生活自理能力极差。书包里总是乱糟糟的，东西经常丢三落四。（7）自控力差。显得格外淘气，总让教师头疼……

这些后进生在每个班级、每个学段、每所学校都占有一定的比例，形势不容乐观。如果在新课程下仍有一些学生从一年级这个起始年段就觉得学习是枯燥的、无奈的、痛苦的，基础教育改革就无法从根本上取得成功。因为基础课程改革强调课程必须面向全体学生，强调“为了每个学生的发展”，即每位教师要相信每个学生都具有成功的潜能，要为学生的生命奠基。关注后进生，分析其产生学习障碍的原因，积极寻找解决问题的对策，帮助他们自信、大胆地行走在学习道路上，去体验学习的乐趣，是摆在每位教师面前的课题。

我们知道，影响学生学习成绩的有三个重要的因素，即智力水平、学习能力、自我控制能力。三者是相互促进又相互制约的。综观这些后进生，他们的智力正常，可是，在学习能力上与其他同龄学生相比是极为欠缺的。由此可见，后进生是学习障碍儿童，他们是属于内在的学习能力低下而导致的学习障碍。

学习障碍是 20 世纪 60 年代提出的一个概念。其表现为智力正常，但由于听、说、读、写、算和沟通技能方面出现落后而导致的学习成绩低下的现象，其实质是学习成绩与智力不相匹配，即学习成绩不单单受智力的影响，而且受学习能力的影响。科学研究表明，在存在学习障碍的学生中存在着视知觉——动作统合障碍和听知觉障碍等方面的困难。因为人的 70%的学习信息要通过视知觉传达到人的大脑，学习信息传达到大脑后，还要经过与过去经验的统合而加工成为有意义的信号，经过手的动作传出。如在语文学习中，学习字词是一个艰难的过程。汉字是由多个部分组成的，角度的关系，线条的长度、数量都决定着字的准确性。汉字笔画的复杂性也困扰着视知觉能力较差的孩子。汉字不像英文那样在字形的组成上有明显的规律性，一些汉字需要靠偏旁的形状提供的线索来辨认。学习汉字，最难的事情就是对字形的记忆，对视知觉——动作统合障碍的学生来说，识记字形就显得力不从心。在研究中还发现，这些存在学习障碍的学生并不是什么方面都不如人，他们有的以语言见长，有的动作技能超凡，有的抽象思维占优势，有的则以形象思维见长。也就是说，他们身上具有一定的潜能。帮助这些存在学习障碍的学生提高学习成绩，是一项长久的、艰巨的工作，要求教师以高度负责任的态度，尊重学生个体之间的差异，积极寻找解决问题的对策，帮助他们采摘成功的果实。

1. 责任感的培养

这些存在学习障碍的学生也和其他学生一样，爱上学，爱集体，爱劳动，对喜欢的科目，如体育、美术、科学、自然等学科非常感兴趣，但他们由于在语文、数学、英语这些学科的学习中一直无法得到成功的体验，以至于一看到书本就产生畏难情绪，有的甚至产生恐惧心理，还有的采取消极逃避的态度。教师苦口婆心的劝说与父母的打骂对改变学生的这种状态作用并不是很大，只有从根本上增强他们的学习责任感，才是真正的突破口。要让学生树立“学习是自己的事”的思想，要经常引导他们以认真、负责的态度，学会抗拒来自内心和外部的干扰，控制自己的行为，自觉遵守纪律，静下心来认真学习，独立完成作业，养成良好的学习习惯，为后续学习奠定良好的基础。

2. 自信心的树立

学生在学习活动中获得成功的喜悦是一种自我认识，与学生在活动中达到的实际水平并无直接关系，而和家长、教师的评价有密切的关系。哪怕是十分微小的成绩，家长、教师能给予表扬性的评价，他们就会获得成功的喜悦，从而增强自信心。对存在学习障碍的学生来说，自信心的培养非常重要。教师和家长要达成共识，在教育过程中不急躁、不拔高要求，要对他们充满爱心、耐心和信心，帮助他们努力克服自身的能力缺陷，用长处弥补短处，取得学习的成功；要多与他们沟通，了解他们的兴趣和爱好，了解他们的欢乐和忧愁，走进他们的内心世界；要以激励的教育方式帮助他们“跳一跳”就能摘到成功的甜果；要多关注他们的进步，在他们对学习表现出浓厚的兴趣时，用亲切的话语鼓励他们的微小进步，让他们真切地感受到教师和家长的良苦用心，使他们逐步树立这样的思想：“我相信我能成为一个好学生，我相信我如果努力去做就会成功，我相信我有能力学好，我相信我能取得成功。”

另外，在班级中要积极创设健康的育人环境，注重正确的舆论导向，不失时机地教育学生在集体中悦纳他人、赏识他人，在班级中形成一种互相关爱、互相激励的氛围，通过学生之间的互动和分享，积极营造有利于增进学生心理健康、促进学生个性发展的氛围。如可以开展“你是我的好朋友”结对子活动，引导学生从学习上和生活上积极帮助身边那些需要帮助的小伙伴，使他们感受到集体的温暖，增强自信，改正缺点，提高能力。当学习能满足他们自我进取的需要时，他们会进一步体验到学习活动的乐趣，就会以积极进取的心态对待学习。

3. 学习上的指导

美国教育家罗普尔说过：“学习障碍儿童并不是残障儿童，只要教师找到了钥匙，就可以把他们带到任何地方。”帮助存在学习障碍的学生提高学习能力就是帮助他们打造一把学习的金钥匙。教学中，教师要关注到这些学生，进行行之有效的指导，帮助他们提高学习能力。

存在学习障碍的学生往往记忆力差，遗忘得快，因此，教师要积极帮助他们养成良好的学习习惯，教给他们一些学习方法，使他们成为主动的学习者。对阅读能力差的学生，可以指导他们每天在学习新知识前复习旧知识，并做好预习工作。鼓励他们遇到难题时不急于问家长、问老师，而是带着问题参与学习，主动参与讨论，尝试解决学习中遇到的困难。教师在课堂上要给他们更多的机会亮出自己的观点，既可以使他们提高注意力，又能给他们提供展现自我的舞台，使他们逐步提高对语言的领会、理解能力。随着他们的阅读理解能力的不断提高，他们的逻辑思维能力也自然得以提高。同时，要降低学习的难度，找准这些存在学习障碍的学生各自能力上的不足，并采取因材施教的教学方法，进行补救训练，以弥补他们学习上的缺漏。对因视觉记忆能力低下而记不住字形，在听写方面尤为落后的学生，要通过形式生动活泼的教学手段，教给他们记忆的好方法。在生字教学中，教师要积极创设具体的语言环境，指导他们借助生活经验，根据汉字偏旁的表意特点来记忆字形，可以采取“自我诊断查病因，同伴互帮改错字，定期复诊多巩固”的方法，提高他们的记忆能力。

另外，作为学生的朋友与支持者，家长与教师要树立现代的、科学的人才观和正确的教育观，积极营造出共同参与和互相支持的环境与氛围，积极引导学生强化自我意识，学会自我监控，逐步主动地、自觉地按照社会对人才的需求而认识自我、调控自我、发展自我，实现自我价值。教师与家长不能急功近利，要遵循从易到难、逐步向纵深发展的原则，引导学生根据自身的学习能力，确立切实可行的学习目标，可以分为短期目标、中期目标、长远目标，并能紧紧围绕自己制订的学习目标来学习，并及时调整学习目标，逐步形成自我监控能力。其次，要有意识地增强学生的时间意识，这是学生学习取得成效的重要保证。要与学生一起分析写作业耗时长的原因，帮助他们提出自我改进的对策，然后制订合理的作息时间表。尤其是要求他们做作业时要科学、有效地利用好时间。可以让学生明确每次完成作业的时间，当他们能提前完成学习任务时，及时进行激励，使其学会摒弃一切外在的干扰，与时间赛跑，不断提高学习效率。同时，还要积极培养学生独立自主的能力，引导他们学会倾听等。这些都是提高学生的学习能力的积极做法。

相信在家长与教师的共同努力下，存在学习障碍的学生将克服学习道路上的困难，体验到学习的快乐，与其他学生一道健康成长。

二、教育是美丽的等待

开学第一天，我特别留意到一个男孩：瘦小的身体，腼腆的神情，见到老师总是低垂着眼睛，似乎在躲避着人们对他的探寻。课堂上，他总是静静地坐在位置上，出神地看着黑板，但是轮到他发言时，他站起来后总是不知所措。当我和其他孩子一起走进课文时，他总是一脸茫然，看得出，他没有从我的讲课中得到有意义的信息。有一次看到他慌张地找作业交给我，他的书包里乱糟糟的……在对这个男孩的种种表现进行一番认真的分析后，我暗暗想："这孩子在学习上存在着障碍，我得多关注！"

果不其然，第一次单元测试，这个孩子的成绩不及格。我看到他就像蔫了的黄瓜一样，上课时更提不起精神了。

如何走进这个孩子的内心，去了解他的真实想法，并帮助他树立自信心，提高专注力，最终提高他的学习力，帮助他阳光、自信、快乐地行走在学习道路上呢？

古人言："亲其师，信其道。"我要先让孩子喜欢我，才能使他喜欢语文课。第一步，我要与这个孩子交朋友，因为每个孩子的内心都有一个最柔软的地方，那就是渴望有朋友。要打破他的"心墙"，走近他，赢取他的信任，这样，教育才能走进他的内心。于是，在教学中，我的目光更多地定格在他的身上，我把更多的爱给予了他。孩子比较胆小，请他发言，他总是不敢开口说，我就微笑着对他说："孩子，没事，要相信自己！"当他渐渐地举起小手发言时，我知道他对学习产生一点儿兴趣了，就用亲切的话语鼓励他的微小进步，还及时将"进步星""智慧星""勇敢星"等各种名目的奖状颁给他，以激励的教育方式帮助他在课堂上和其他孩子一样，大胆亮出自己的观点；每当他学习遇到难题时，我总在一旁指导他，给他加油打气；春游时，我与他合影，并将照片送给他……渐渐地，我欣喜地看到，课堂上，他的注意力渐渐提高了，也能大胆地看着我，我从他的眼神中感受到了自信的力量。渐渐地，我与孩子成了朋友，我为他能感受到我的良苦用心而备感喜悦。

第二步，到孩子家里与他的父母沟通。只有走进家庭，才能了解真实的他，并与家长携手，实现同步教育。开学后的第二个月，我走进了这个孩子的家里，与孩子的母亲进行了一次长谈。通过交谈我了解到，家长对孩子的教育观不太一致：母亲管教严格，对孩子的表现忧心忡忡，有时甚至会打骂孩子；父亲较为民主，认为要让孩子自由成长，不要给予孩子太多的压力。我想，孩子面对父母不同的教育观念，往往会无所适从。找到了家庭教育中的症结，我与家长进行了密切的沟通，希望家长在对孩子的教育上要步调一致。孩子的母亲焦虑地向我反映：孩子在家做作业时较依赖大人，而且很排斥写作业，总是无法静下心来，爱做小动作，作业经常拖到很晚还没完成，所以她总要耗费很多时间陪读。根据孩子的种种情况，我建议孩子的父母带他去医院做进一步的诊断，后来医生确诊孩子患有多动症。这下，症结找到了，正是由于父母对孩子的期望过高，使孩子整天处于精神紧张状态，压力过大，注意力无法集中，所以面对学习，他才会情绪不安、焦虑。

想起曾读过一篇题为《男孩一提上学就肚子痛，原是父母陪伴不够》的新闻报道，讲述的是一名四年级的男生只要一提上学就肚子疼，经过诊断后才发现，这个男孩怕上学，而一个人在家又很孤独，有时甚至感觉很烦，因为父母忙，已有三年没和他们一起去公园玩了，他很不开心。心理医生指出：情绪会影响人的身体和行为，只有心情愉快，才能精力充沛地去学习和生活，父母需要在孩子身上多投入一些时间，让孩子感受到父母的爱，这种情感的积淀会使孩子在成长过程中内心富足。于是，我继续加强与家长的联系，告诉家长对孩子要有耐心，要培养孩子的自信心和自尊心，做孩子的支持者，分享而不教导，关怀而不干涉，宽容而不纵容，邀请而不要求，温柔而不妥协，帮助而不代替，孩子就会健康地成长。

我应该与家长一起携手，打开孩子的心结，让他在阳光下享受学习的快乐。从那以后，我对孩子更加关注，与家长的联系更加紧密，我也希望家长在对待孩子学习的问题时不要急功近利，而要积极引导孩子根据自身的学习能力确立在自己能力范围之内的学习目标。在孩子取得点滴进步时，给予表扬，力求从心理上真正消除孩子的不良情绪。我也积极遵循从易到难、逐步向纵深发展的原则，利用课余时间有针对性地给他补课，只要他有一点儿进步，就给予肯定……我耐心地等待着他的进步，就像耐心地等待着花开的时节。

渐渐地，孩子完成作业的速度快了，认字能力也提高了，学习成绩也有些进步了。终于，在期末模拟考试中，他的成绩从原来的不及格上升为70多分了！孩子在努力，在进步，他学习的热情如火花一样，需要进一步点燃！闭学式那天，我在一张明信片上写上“孩子，祝你天天快乐”，然后在班上郑重其事地把它交到孩子手上，大声对全班学生说：“林老师要交很多好朋友，我的好朋友必须是尊重老师、热爱学习的孩子，必须是通过自己的努力不断成长的孩子。他就是这样的孩子。林老师送给他这张明信片，就是要告诉他，我与他是好朋友了！”

此时，他的笑容在阳光下灿烂如花！

三、家庭、学校、社会携手共育

人是在社会中生活的，每个人都要为社会的发展做出应有的贡献。孩子只有从小树立社会责任感、家庭责任感和学习责任感，将来才能为祖国奉献自己的光和热。如何从小培养孩子的责任感呢？我认为应整体协调，加强家庭、学校、社会各方面教育力量的组织和配合，构成道德教育的社会网络和整体合力，只有这样才能促使孩子健康成长。

1. 家庭教育是责任感形成的基础

家庭教育是一个人性格与品质形成的基础。一个人从小受到的家庭教育，是他终身接受各种教育的基础，是他成长的根本。家庭教育是学校教育及社会教育所无法代替的。那么，父母该怎样在孩子的成长过程中给予必要的、适当的帮助，使之从小有一颗报国之心、仁爱之心、责任之心、进取之心呢?

(1) 示范效应

人们常说，家庭是人生的第一课堂，父母是孩子的第一任教师。家庭是孩子的一面旗帜，父母是孩子言行的一面镜子。托尔斯泰这样告诫父母:“全部教育，或者说千分之九百九十九的教育都归结到榜样上，归结到父母自己生活的端正和完善上。”子女是父母的折光镜，折射出父母的为人处世的哲学。家庭教育更多的不是表现在父母如何“教”，而是表现在父母如何“做”上。父母对子女的示范效应体现在日常生活的时时处处、点点滴滴，体现在这些小事对孩子的人格品质的塑造上。

被称为“中国的保尔”的隋继国在得知自己身患脑瘤、血癌的病情后，用骑车走遍全国、从北京徒步走到香港的行动告诉女儿：生活中有风雨，只要对生活、对社会有一种责任，有一种永不服输、不向困难低头的进取心，就会战胜自己，再见彩虹。他就是用自己人格的魅力让年幼的女儿读懂父母对她的期望、自己肩负的责任。父母在工作上兢兢业业，对待邻里友善，乐于助人，热心公益事业，自觉遵守交通规则等行为，也会潜移默化地影响孩子，培养孩子对待任何事、任何人都认真、负责的品质。

(2) 适时引导

父母在孩子的心中培植仁爱观念，除了示范，还要适时引导，引导他们爱自己的亲人，爱父母，爱兄弟姐妹，爱所有给自己爱的人。应从小告诉孩子，对家庭要有责任感，要积极参与家庭劳动。父母不能包办代替，要培养孩子的生活自理能力；长辈生病了，要让他们懂得嘘寒问暖，一句暖人心的问候，一杯热乎乎的开水，都是尊敬长辈的具体行动；要告诉孩子，对社会应有责任感，懂得关心他人，要遵守各项规章制度；要告诉孩子，在与同学的交往中，应互帮互助，学会宽容别人的过失，因为学会与他人共处，已成为现代人的必备素质；要告诉孩子，对学习要有进取心，从小培养学习责任感，使他们懂得学习是为了自己的将来，不是为了老师和家长；懂得学习是一件艰苦的事，只有付出才会有收获。特别是对于平时没有树立学习责任感，学习上的缺漏越来越多的孩子，父母更要因势利导，经常肯定孩子在学习上取得的点滴进步，提高孩子的学习兴趣。

家庭教育对孩子责任感的培养起着至关重要的作用。

2. 教师的导是责任感形成的关键

孩子责任感的形成不只在于父母的“教”，还要在教师的“导”上下功夫。因为责任感不能仅停留在孩子的意识层面，而要教会他们学会行动。因此，教师有的放矢的“导”是孩子形成责任感的关键。

（1）在道德实践活动中培养责任感

有一份抽样调查表明，现今的高中生近60％起床不叠被子，50％从不倒垃圾、不扫地，70％不洗碗、不洗衣服，90％不洗菜、不做饭。试想，一个学生连家务都不做，难道会明白自己也有关心他人与帮助他人的一份责任？难道会将自己的未来与祖国和人民的利益紧密联系起来吗？答案是否定的。因此，教师在道德实践活动中引导学生增强责任感就尤为重要。

① 活动贴近童心

教师应以指导学生进行道德实践为重心，让他们自觉投身道德实践，在实践中提高认识，增强责任感。道德实践活动的形式要多样化，要符合学生的年龄特点，要有童真、童趣，要让学生乐意接受，让学生在活动中明理、在游戏中悟道，而不是光靠教师的灌输、说教和约束。要充分利用早会课，给学生营养丰富的“精神早餐”；利用班队课开展以学生为主体的中队活动、小队活动，例如，可以开展“蚂蚁搬家”的游戏，使学生懂得集体的力量大，每个人都是集体中的一员，要用自己的聪明才智解决生活中遇到的困难；开展“龟兔的第二次赛跑”的游戏，使学生懂得为人要谦虚，要互帮互助，才能共同进步；开展“找朋友”的游戏，使学生懂得与人交往，贵在交心，贵在坦诚相待。

② 活动以小见大

孔子讲道：“见贤思齐焉，见不贤而内自省也。”在道德实践活动中，教师应选择从小课题入手，在“隐”和“微”上下功夫。古人曰：“勿以恶小而为之，勿以善小而不为。”从小认认真真做好小事、杂事、自己的事，长大后才能从从容容面对大事、难事、天下事。道德实践教育，贵在教师通过小事不断地引导学生，持之以恒地指导学生。由此，学生就会有能力对自己的行为做出评价，对自己的行为进行反思，提高自我批评、自我剖析的能力。例如，要告诉孩子，将来他们面对的是人类文明社会，没有学问何谈爱国呢？只有发奋学习，才能做一个真正的爱国者。爱学习，要有自觉和自律的精神，能遵守校规，上学不能迟到，按时完成作业，对自己的事情负责，对自己的行为负责。学生不仅懂了，而且会做，这才是素质教育的根本目的。

（2）集体责任感是核心

人作为一个个体，是离不开社会、离不开群体的。只要人们在社会中共同生活，就会形成集体。在集体中，树立了为集体、为同学服务的意识，长大才会为祖国、为人民服务。反之，只知道让别人为自己着想、为自己服务，而不知道也从来不考虑别人需要什么帮助，也不曾想过自己能为别人做些什么的学生，将来长大了也很难有为集体、为人民、为国家做贡献的意识。因此，集体责任感是一切的核心。

古人云：“先天下之忧而忧，后天下之乐而乐。”如何在孩子幼小的心田播下这种思想的种子呢？要引导孩子树立为集体、为他人服务的思想。这不应是一句口号，而应是一种行动，体现在地板脏了要主动打扫、同学有困难要主动关心等看似平常的点滴小事上。

在道德引导上，教师不仅可以通过游戏、活动来明理，还可以结合学科教学，利用教材中的德育因素，培养学生的集体责任感。小学各学科教材中的许多内容都有强烈的思想性，都是进行思想品德教育的好材料。例如，在语文教学中，我以《为人民服务》一文为教育素材，渗透德育思想。《为人民服务》一文是毛泽东在张思德同志的追悼会上所做的演讲。学完课文，让学生以“活着是为了什么”为题，思考讨论，许多学生意识到，“活着是为了使别人过得更美好”“活着是为了在社会中实现自己的人生价值”“活着是为了推动社会文明的进步”“活着是为了让自己、他人享受每一天、每一刻”。这样一来，把人生的大命题交给学生，引导他们去思索、去实践，许多学生不由得想到雷锋、焦裕禄等为了人民，用青春乃至生命的光和热无私奉献、造福人民的事例，激励自己以人民的利益为重，心中装着集体、他人，在集体中，学会宽容，用宽容和谅解融化坚冰，用心灵的春风驱赶寒冷，用真诚和善良点缀集体，让自己的每一天、每一刻都过得快乐，充满阳光。

3. 社会实践是责任感形成的舞台

培养有理想、有道德、有文化、有纪律的“四有”新人是为人师者推动中华民族振兴的重要使命。

我校在开展“我能行”的活动中，将培养学生强烈的责任意识作为主要的教育目标，组织学生在家庭、学校、社会和大自然中扮演各种角色，通过自身的体验，提高认识，培养责任感。在活动中，注重引导学生体验、感悟。在家庭中，开展“让他们当一天的家”“到酒楼跟厨师学做菜”活动，在提高学生的自理能力的同时培养他们对家庭、对父母的关心和责任感；采用和父母一同去上班或向父母了解的形式，了解父母工作的实际情况，体验他们工作的辛苦，写写自己的心里话，学会体贴父母、关心父母；在三八妇女节、国际劳动节前夕让学生给长辈写信、做家务活或制作一张贺卡，引导他们学会对父母表达谢意。在学校里，把自己当作学校的小主人，提出合理化建议；让高年级的学生到一年级当班主任，体验教师工作的辛苦，增强认真学习的责任意识；在班级中，人人都有为集体服务的岗位，人人是集体的小主人。在社会上，到山区助教，与农家孩子结对子；到敬老院里积极帮助孤寡老人，学会关心弱势群体，读懂“爱”的真正内涵；组织学生到社区收集废旧电池，做环保宣传工作，帮助打扫社区环境；到繁华的商业街上擦栏杆，当小交警；考察大帽山，做资源调查，参观气象台……丰富多彩的活动使学生走进生活，走入社会，既开阔了视野，增长了知识，又体验到了各行各业劳动人员的辛劳，明白了作为社会的一分子应尽的职责。在教师的引导下，学生树立了责任感，茁壮成长起来。

四、构建学习共同体

在现代教育背景下，家庭教育一定不能孤立，它应与学校教育、社会教育有机结合。自 2014 年 12 月我校的德育项目“‘学习共同体’视域下的小学德育创新与发展”被确认为福建省学校德育重点改革示范项目以来，作为厦门市唯一一所被确认为福建省德育项目的小学，我校能从学校自身的传统优势出发，以此项目为学校德育工作的抓手，将“学习共同体”概念带进小学德育，努力进行“学习共同体”视域下的小学德育创新与发展的探索与实践，积极进行家校学习共同体构建的研究与探索，不断创新家校协作的模式，让家庭、学校、社会形成教育合力，促进学生、教师和学校的发展。

我校进一步深化“家校协作”的内涵，积极搭建各种平台，加强对家长的培训，促使家长不断更新教育理念，与教师、孩子共同成长。举行家校教育工作委员会会议，采用“世界咖啡”深度会谈的形式，让家长当主角，就“如何更加深入地进行假日小队工作的探索，更好地挖掘社会教育资源，引导学生积极参与社会实践，促进学生的全面发展”“如何更好地构建家庭、学校、社会教育合力，共育学生社会主义核心价值观”等问题建言献策，汇集智慧。通过举办家教讲座，邀请专家进行教育引领，开展形式多样的新型家长会，积极发挥家长的力量，将家长会开成“群言堂”，促进家校信息双向、多向的交流，不断提升家庭教育的品位。充分利用信息技术工具，拓宽家长参与德育研讨的渠道。组建家委会 QQ 群，利用班级 QQ 群和博客，有效引领家长对学校的事务、决策以及学生的教育问题进行讨论，提供教育智慧，分享育儿好文，不断增进家校交流和沟通，提升家庭教育水平。在校报《凤凰树》上分期刊载家长的育儿心得。通过赴台湾省交流、参观和学习，与台湾的家长进行交流，学习台湾的先进经验，让更多的家长了解台湾家委会的做法和成功的经验，使家校教育委员会工作更具有创新性，更讲究工作的针对性和实效性。

如我校潘老师开展了“小水滴父母”读书会，将家长成长与学校教育通过年段平台紧密结合。

2015年4月的一天，我参加了潘老师组织的四年级“小水滴父母阅读季”读书会，“分享、互助、实践、成长”是这次读书季的主题，亦是目标。潘老师通过阅读、观影、分享、交流等方式，从教育目的、读懂孩子、亲子沟通、阅读习惯、亲子陪伴、心灵静修六个维度引领小学中高年级学生家长共同学习、互助实践、协同成长。提倡阅读不仅是为了增长见识，还是一种思考与学习的过程，是为了学习如何做智慧的家长，是为了给孩子提供更好的家庭教育，让大家在茶香、书香、人文香中，平等对话、反观自我、认真实践、互助成长，建立健康的育儿心态，掌握做智慧家长的正确方法。本次读书会潘老师推荐阅读的书目是《遇见孩子，遇见更好的自己》。读书会上，大家采用“世界咖啡”的会谈形式进行讨论与分享，每位家长在认真阅读、深入思考的基础上分享自己独到的见解，聆听不同观点，吸收多元文化，共同探寻教育的目的，寻求适合自己的方法，收获携手成长的成果。大家也在相互交流困惑，在彼此的分享与交流中加强对家庭教育的关注、对孩子成长的关注。

我所在的小组在讨论中形成一个共识：作为父母，应该做到两点：一是陪伴，二是扶持。在读书会上，我一直被现场浓浓的温暖包围着，我一直在思考，究竟是一种什么样的力量让这么多的家长冒着大雨来参加“小水滴父母”读书会？我由此想到：或许就如今天大家共同阅读的《遇见孩子，遇见更好的自己》这本书，我们是遇见你我，遇见智慧的家长。确实，人要提升，需要人与人之间思想的碰撞。教育是需要情怀的，我们对孩子有爱，有深度的思考，就需要不断提升自己。那怎样才能更好地提升自己？这样的读书会让我们遇见彼此，遇见拥有智慧的家长。我感受到在座的每位家长都是很有智慧的。教育是一种唤醒，学校教育是在唤醒孩子，家庭教育也是在唤醒孩子。从大家热烈的讨论中，我与家长们认识到，孩子在成长，每个孩子都是一个独特的个体，作为家长，我们要积极地、准确地定位自己的角色，积极地构建民主和谐的亲子关系，陪伴孩子、扶持孩子走稳成长的每个阶段。我相信，“小水滴父母”读书会在大家的积极参与和共同推进下，会形成一股力量，汇聚家长的智慧，带动所有的家长，让学校和家庭成为学习共同体。在共同体的熏陶下，让我们的孩子快乐飞翔、自由呼吸、健康成长。教育无捷径可走，持续关注孩子，一直陪伴孩子，做智慧父母是家长们的必修课，家长要陪伴着孩子一起共同成长！

第三节　交流——开放的视角

丰富多彩的对外交流活动，可以加深学生之间的友谊，开阔学生的眼界，丰富学生的生活，也可以加深教师对不同国度文明的认识、对教育水平的认识和对多元教育的认识，对提升学校的教育理念、改进教学方式以及家校建设等形成新的理解和新的思索。

不一样的精彩给予教师的是智慧引领，促进和谐共生。

一、体验之旅，收获成长

我校与台北市中正小学（以下简称中正小学）结成姐妹校，和新加坡的南洋小学、励众小学经常开展互动交流，还与国内的一些学校（如新疆阜康厦门实验小学、河南省实验小学等）结成友好单位，定期组织师生互访、交流等活动。

近两年来，我校与河南省实验小学基于“一切从学生出发，促进学生全面发展”的共同的教育理念，开展了快乐的“体验教育”活动，得到了家长们的大力支持，两校部分学生住到结对子家庭中，体验不同的生活、学习环境。“体验教育”活动的开展，不仅使学生开阔了视野，增长了见识，还架起了两校的友谊之桥。

2014 年 12 月 2 日上午，我校友好联谊学校——河南省实验小学一行 30 名师生莅临我校开展为期七天的第三期“体验教育”活动。初冬的厦门因远道而来的客人而充满了浓浓的春意。

此次活动是继 2014 年 1 月和 7 月两校部分学生开展“体验教育”活动后，两校继续基于“一切从学生出发，促进学生全面发展”的共同教育理念，经过前期的周密筹划、有序组织开展的。和前两期活动有所不同的是，本次参与活动的河南省实验小学的 27 名学生不再仅限于男生，也有不少女生参与活动。同时，他们走进我校课堂，和结对子伙伴随班上课，感受两校不同的课程设置，体验我校的特色校本课程，充分感受两校丰富的校园文化。河南省实验小学的学生们参加了我校花样跳绳课，觉得快乐又有趣，他们体会到花样跳绳不仅可以强身健体，还能通过伙伴间的相互配合，获得快乐体验。我校还精心设计活动内容，让学生们在丰富多彩的体验活动中获得成长：组织学生到厦门科技馆参加体验活动，感受科技的魅力；参观集美学村，感受集美学村特有的文化魅力；参观陈嘉庚纪念馆，让学生从大量实物、图片和文献资料中了解陈嘉庚一生的光辉业绩，感受陈嘉庚先生勤劳俭朴、倾资兴学的高尚品德和赤诚的爱国情怀；到厦门市德育实践基地——竹坝农场体验收花生、挖地瓜、制作蝴蝶酥、制作手工香皂，让学生愈加真切地体验劳动的乐趣，锻炼劳动能力；到万石植物园的国防园，感受祖国国防的日益强大，激发爱国情怀；……河南省实验小学的师生还游览了素有“海上花园”之誉的鼓浪屿，他们兴致勃勃地游览了日光岩、菽庄花园、鼓浪屿钢琴博物馆、厦门海底世界等，在鼓浪屿这座“音乐之岛”的幽雅与恬静中深深陶醉。我校 27 个结对子家庭也积极参与本次接待活动，家长们对河南省实验小学结对子的学生除了在生活上悉心照顾外，在活动上也做了精心的安排，比如，利用双休日带着这些孩子品尝厦门特色小吃，带他们到南普陀寺、胡里山炮台、厦门大学和环岛路等各大景点，感受厦门旖旎的风光。清新的空气、绽放的三角梅、蓝天、碧海、沙滩，四季如春、风姿绰约的“海上花园”城市——厦门，给来自北方的客人留下了美好的印象，引得他们流连忘返。

本次体验之旅更使学生们主动把学习书本知识与社会实践统一起来，用心去体验，用心去感悟，不仅开阔了视野，增长了知识，还提高了动手实践的能力和解决问题的能力。更可贵的是，两校学生通过参与实践，加深了对中原文化和闽南文化之间差异的了解和认识，在互动和交往中培植了友谊，提高了人际交往能力。活动结束后，家长们由衷地发出了这样的感慨：祝愿两校的交流活动不断深化，两校的友谊地久天长！

快乐的“体验教育”活动时间虽然短暂，意义却十分深远，它架设起我校和河南省实验小学的友谊之桥，带给学生不一样的精彩，真正促进学生的健康成长！

二、从细节看台湾省教育

2006年12月28日上午，我校赴台交流访问团启程赴台，进行为期9天的考察交流。

我们一行23人走进了台北的中正小学、丽湖小学和台中的清水小学、东光小学四所学校，进行考察交流。在这次考察交流中，我深刻感受到台湾和大陆一样，也一直致力于教育的革新，并通过课程的推广，真正帮助孩子发展能力，这已然成为台湾教育的一大走向。而注重教育的和谐，做到以人为本，注重学生的品行教育，促进家长的共同参与又是台湾教育的一大特色。我认为，台湾教育在创设和谐的校园文化、关注学生个体的成长、利用有效的社会资源等方面有许多值得我们借鉴的地方，下面谈谈我在台湾考察期间的见闻和点滴思考。

1. 创设和谐的校园文化

校园文化建设是学校德育工作的灵魂。在台湾校园建设中，构建丰富的学生成长环境已初见端倪，多元化、人性化的校园硬件设施，让学生优游于其间。丽湖小学是一所创办时间较短的新学校，在校园建设上注重整体性的规划，从学生这个教学主体出发，把以人为本的教育理念体现得淋漓尽致。例如，每个年段是一个班群，各班拥有各自的单元空间，又有共同享用的资源空间，在班级之间的共用处摆放着一些桌子，供学生下棋、看书……

中正小学是一所百年老校，校园朴实无华，却处处彰显着教育的魅力。走进该校的每间教室，都可以看见在教室右侧的园地上张贴着“精神楷模”“秩序楷模”“礼仪楷模”等奖状，这是由学校训导处颁发的奖状，奖状上还写着“中正之星，再接再厉”的字样，旨在表彰各方面表现优异的学生，墙上还贴有由校长颁发的奖状，上面写着“九月份高年级借书排行冠军，上列学生表现优异，殊堪嘉许，特颁此状，以资鼓励”，或是诸如“接力赛获得优秀奖”等之类由校长颁发的奖状。教室的这块角落试图向学生传达这样的信息：积极的态度会使人获得成功，而努力会使人获得尊重。这种充满激励的学习环境，有助于学生成为独立的个体，发展自己的专长，培养优质的道德，并为他们终身的自我教育奠定良好的人格基础。

在中正小学的校园，一堵墙就是一个教育空间，让学校的墙壁说话，潜移默化地影响、教育学生是学校教育的一大特色。走廊上贴着“轻声慢步”的提示语；水龙头处贴着“珍惜水资源，做个有公德心的人，请用杯子喝水”的标语；厕所里也随处可见这样充满人性化的标语……这些醒目的标语是一种无声的教育，学校的规则与规范在这当中尽显，这些外显的校园文化建设体现了学校的教育理念，它有效地教育、引导学生，提升他们的道德认知，对学生形成正确的道德判断和自律能力起到了很好的促进作用。

2. 关注学生个体的成长

考察中我看到，关注学生个体，积极促进学生永续发展是台湾教育一个非常重要的方面。

(1) 赏识每个学生

台湾省的学校倡导“爱”是教育成功的核心，“理解”是教学民主的体现，他们积极倡导师生建立伙伴式的关系，注重教师与学生之间的对话，以弥补传统德育的缺失。在教育过程中，教师始终态度真诚，并积极根据学生的道德发展水平提出适当的要求。

走进台湾省的小学课堂，我深切感受到教师在教学中善于表达对学生的爱，让学生感受到教师对他们所抱有的期望。如面对调皮的学生，教师并没有急于训斥，而是给予积极关注，引导他们更主动地参与到课堂学习中。我听了三年级的一节英语课，课上，年轻的女教师让学生表演英文小品，被请上台的一名女生由于不愿意扮演教师指定的角色，提出了退出表演的请求。这位女教师并没有训斥，而是问其他学生："谁愿意演这个角色?"巧妙地把这个角色分配给其他学生。这样的学习氛围的营造，既有效地保护了学生的自尊心，又使学生对英语学习继续保有兴趣。又如，在中正小学，我们欣赏了学校社团的学生带来的精彩表演，我发现，主持的教师在学生每一次表演完后都一直用"孩子们，你们真棒""你们的表演真精彩""孩子们，感谢你们为我们带来的精彩表演"等赏识性的语言给予肯定，让我对这位教师十分敬佩。同时，我也知道了社团的学生表演之所以这样精彩，与教师平日里的赏识与鼓励是分不开的。这种有效的教学从心灵的交流开始，学生在教师的赏识中体验成就感，自信心得以不断培育，真正体现了"让每个学生认识自我的本质，热爱生命"的教育思想。

台湾省的许多学校都秉持着"提供给特殊教育的学生科学高效的学习管理是学校成功的保证"的教育信念，学校设有资源班或是智障班或是耳障班。这些班级的设立是为了保证每个学生都得以健康发展。同时，学校还建立特殊教育学生的资料档案和通报系统，在教育过程中积极建立融洽的关系，采取启发式教育方式，通过个别化教育方案、成长记录袋加强对有学习障碍的学生的辅导。如东光小学谈到对有学习障碍的学生减轻机械性的工作，可以用电脑代替手写作业，或是以计算机代替心算，以发挥他们的潜能等，这些教育举措都体现了对每位学生个体的关注，给学生的成长提供了有效的保证。

（2）进行品性教育

此次考察，听到有位台湾教育同人这样说道："以前的台湾是缺'德'的教育，因此，现在台湾很注重德育，尤其是学生人格的形成。"台湾在教育上已充分意识到德育的重要性，注重培养学生的良好品行，学校积极采取综合的方法来实施品行教育。

① 学会感恩

在台湾省考察期间，我们得到了学校方面赠送的由学校编印的学生作品，校刊的主题为“感恩与祝福”。细细翻阅，从字里行间中，我能感受到学校对学生学会感恩的品格教育的重视。为了让学生从小学会感恩，懂得感谢关心、爱护自己的老师，感谢辛勤抚育自己成长的父母，感谢身边所有的人和事，他们采取让不同年级的学生从各自年龄、经验、生活体验等角度出发，写下感恩日记，写下对父母或是老师的心里话，用童诗记录学习生活中的点滴……让六年级的学生在毕业之际，写下毕业感言，感谢学校和老师的辛勤教导……这些丰富的教育手段，引导学生回忆自己成长的足迹，不仅使他们提升了语文能力，奠定了扎实的知识基础，还使他们养成了感恩的习惯，学会记住父母、老师的恩情，从小学会宽厚待人，心存善念，珍惜快乐和幸福。

② 培育责任感

“学生到学校是求学，学做正当人。”台湾省学校的这种教育思想与大陆学校在教育中强调的引导学生学会做人的教育思想是完全一致的。让学生不断地成长，使他们从小多一份责任感、多一份使命感是台湾学校的一种很重要的做法。在丽湖小学校园里，每个教室后面的黑板上都设有“我爱丽湖”的专版，在引导学生热爱美丽的校园，以校园为荣的同时，培养学生对学校、对社会的责任感，增强学生的公民意识。对学生责任感的培养，还体现在重视对学生良好的劳动习惯、文明习惯、卫生习惯的培养上。在中正小学，我看到教室的劳动橱中拖把、抹布、扫把、簸箕、夹子等劳动用具一应俱全，且摆放有序，充分显示了学生具有较好的劳动习惯和文明素养。此外，帮助学生树立努力学习、遵守纪律、尊重他人的良好意识，培养学生诚实、尊重、善良、合作、关心他人等良好的品格，在台湾教育中也相当受重视。

(3) 凸显生命教育

台湾对生命教育极为重视，教育中积极关注学生的生命质量，对学生进行环境认识、生命认识、自我保护、学习心理等生命教育的培训。通过采取“践行—体验—认知”的教育方法，丰富学生的生活经验，帮助学生认识到生命的可贵、生活的意义，提高学生的自护、自救能力。

在丽湖小学校园里设立着一面醒目的交通标志墙，从墙上张贴的学生有关遵守交通规则的作品（包括图画和文字）和《校园事件处理流程表》中，我觉出台湾教育中对引导学生从小认识交通规则，增强学生的自我保护意识，提高学生的自救能力等方面所做的努力。而在台湾，游泳这门课程是人人必须掌握的。从效用上来说，游泳既能锻炼学生的体质，更是一项生存的技能。中正小学和丽湖小学都有游泳馆，每个学生都必须会游泳，而且要学习救护他人的本事。在游泳馆里，安全措施十分周全，如丽湖小学的游泳馆墙上就贴着《台北市内湖区丽湖小学游泳池意外事故处理流程表》的安全防范预案。而在教学中结合环境议题，让学生在体验中学习，积极建设安全校园，这是对学生生命的关注的最充分体现。

3. 利用有效的教育资源

台湾省实施的是全民大教育观战略，他们非常注重学校、家庭之间的沟通，重视社团的教育，充分开发、利用社会资源，让家庭、学校和社会都参与到学校的发展战略上来，为学生的可持续发展尽心尽力。

在台湾省，家长会的有效运作，使学校教育和家庭教育、社会教育较好地融为有机体，形成了强大的教育合力，充分体现了共有、共享、共创、共同经营学校的教育思想。学校家长会是学校与家长沟通的主要桥梁，家长们本着“付出是福气，付出最快乐”“关爱孩子的现在，就是关爱我们的未来”的思想，协助推展校务行政，积极协助学校实施教育计划，并提供改进建议。家长与学校之间的有效沟通，让家长的意见转化为学校的助力而不是阻力，让一切批评成为建议，让所有的建议都凝聚为努力，让家长会的成长成为孩子的动力。我深切感受到，在台湾，家长会已然成为校园的重要支柱。

考察中，我清晰地看到，台湾省学校的家长会组织机构非常健全，有章程，有计划，设立了财务组、活动组、总务组和秘书组等工作小组，在家长会的有效调配下，这些工作小组有机地融入学校的各项教育之中，成为极强的教育生力军。家长会的家长被称为“志工”，他们义务参与学校的各项工作，共同经营学校，一起推动学生的成长。志工分为交通组、环保组、辅导组、保健组、图书组和行政组，在参与学校各项工作中，他们以无私奉献的精神，努力用有限的时间无限地付出，可以说，他们在学生的教育中没有缺席，他们陪着孩子一起成长，共同为孩子的未来努力。为了提高学校志工的素质，台湾的学校都精心为志工安排研习课程，采取协同与沟通等方式，让他们能学习相关的教育知识，更大限度地发挥自己的长处，更好地为学校、为学生服务。像“故事妈妈”经过考核后执证上岗，在晨会时讲述一个个生动有趣、浅显易懂的小故事，告诉学生深奥的人生哲理；“导护妈妈”每天风雨无阻地坚持护送学生安全回家；“辅导妈妈”采取“易子而教”的方式帮助学习有困难的学生不断进步，都使我备受感动。翻阅着中正小学出版的家长会会刊——《爱·成长——奉献与希望》，我更感受到在学生的成长道路上，家长会形成一张爱心的网，家长们在学校各项工作的参与中奉献爱心，获得喜悦与成就感。正如台湾省家长会的家长们所说：“陪着孩子成长，自己也丰富成长。”

在考察之中，我愈加深信，台湾的学生们置身于台湾教育同人们和家长们一起为他们精心建造的爱心家园中，他们会更自信地成长，在追梦的旅程中展翅翱翔，越飞越高。

三、感受新加坡教育价值观

2013 年 7 月 8 日，我校师生 30 多人前往新加坡开展为期一周的交流、考察活动。我们此行走访了新加坡的南洋小学和励众小学。南洋小学是一所久负盛名的小学，是新加坡最好的男女同校的小学之一；励众小学是一所新办校，成立才几年，校长是曾与我校建立友好关系的友诺小学的原校长。在这两所美丽的学校中，我有机会近距离地了解了新加坡的基础教育情况，深切感受到新加坡特色鲜明的校园文化建设处处体现出其教育价值观。新加坡基础教育注重“核心价值观教育”，注重“以学生为本、价值为导向”的发展目标，真正促进了学校办学质量和学生素质的全面提升。作为德育工作者，我收获了许多思考和启迪。

1. 传承中华美德，培育良好品行

我漫步在南洋小学和励众小学的校园，首先被两所学校校园中美丽、鲜明的景观文化深深吸引。南洋小学校园的欧式建筑充满着异域风情，校园的教室、图书馆、舞蹈室、科学实验室、视听室、体育场馆的布置颇具匠心，富有童趣，特色十分鲜明。校园景观的设计不单美观，更多的是充满人性化。在南洋小学每个楼层的走廊上都设有桌椅，供教师与学生课间交谈，校长的办公桌也设计成椭圆形，适宜教师、家长与校长之间面对面沟通。校园走廊上贴着学生做的“跳格子”的图案，供学生课间游戏，非常人性化。励众小学的校园则设有学生休息室，教师休息室。在教师休息室里，微波炉、冰箱、炉灶等一应俱全，供教师课余时间和休息时间使用。

南洋小学走廊上学生的“祥云”“求新”等字样遒劲有力的书法作品随处可见；校园墙壁的各个角落都贴着“南洋文萃七月征稿——感恩父母”，征稿中写道：“要感恩父母的养育之恩，感恩老师的辛勤教导，感恩同学的帮助和关怀，感恩我们能快乐地生活在这里!”校园走廊上的《弟子规》以图文并茂的方式向学生诠释着中华传统美德的内涵；墙报则将中华民俗故事“红头巾的故事”“端午节的由来”等娓娓道来。学校设有中华武术课程，并定期组织学生进行闽南语的表演；家长在中秋佳节还会莅临学校，与孩子一起提灯赏月，开展亲子活动；图书馆里贴着《让学生从小爱上华文书》的介绍，极力推广汉语……

南洋小学和励众小学校园人文景观和环境建设所具有的丰富的教育内涵和鲜明的教育特色，无不体现着新加坡教育中的“核心价值观教育”。新加坡“核心价值观教育”旨在对新加坡既存的东方文化进行扬弃，注重以儒家思想为载体，注重仁、礼、义等伦理道德的教育，对学生进行与人为善、讲求团结、互助友爱等良好品行的教育，使学生成长为国家需要的人、社会尊重的人。在南洋小学的办学目标里，提出要“让学生对中华文化有深厚了解”，要求每个学生具有“五心”，即恭敬、谦卑、关怀、感恩、宽容的心。在南洋小学的升旗仪式上，钟校长在讲话中特别告诉学生，要常怀一颗感恩之心，上学时要跟父母说再见，跟校车师傅说再见，这一细节显示了学校对中华传统的道德观与价值观的教育引导。我也曾与莅临我校开展交流的新加坡友诺小学的学生交流，了解到，为了提高学生汉语学习的能力，学校每周都会安排一次由汉语教师给学生讲故事，教师所选取的故事虽然内容浅显，但都蕴含着深刻的人生哲理，这些故事潜移默化地告诉学生“勿以恶小而为之，勿以善小而不为”等人生道理。可以想见，正是新加坡这种实实在在的德行教育，使学生在中华文化的浸润中受到了中华民族传统美德的熏陶。

2. 倡导共同价值，尊重多元文化

新加坡以“共同价值观”作为道德教育的基本原则，在中小学开展了富有成效的道德教育。“共同价值观”的核心内容为“国家至上，社会为先；家庭为根，社会为本；关怀扶持，尊重个人；求同存异，协商共识；种族和谐，宗教宽容”。儒家所倡导的以整体利益为重的精神，修身、齐家、治国、平天下的个人修养模式以及求同存异、“和而不同”的文化观与西方文化中所强调的“新个人主义”道德观构成了“共同价值观”的核心精神。“共同价值观”是以当代新儒学思想为核心兼容东西方文化形成的独具特色的价值体系。

在对南洋小学和励众小学的交流与考察中，我感受到，这两所学校在精神文化建设上都注重充分挖掘学校的办学历史和文化内涵，体现学校的教育价值观。我也从另一个侧面了解到，新加坡的教育价值观注重突出学生的主体性地位，培养有国家意识、有社会责任感和正确价值观念的良好公民。例如，南洋小学在办学过程中，不断聆听学生的心声，不断寻求适合学生、促进学生身心发展的教育途径，强调“德”为“五育”（指德、智、体、美、群）之首，注重道德认知与道德行为的引导，强调“知行合一”的思想教育，确立了“尊重、责任、正直、关怀、和谐、应变能力”的教育核心价值观。学校的教育愿景以培养“睿智仁心”的领袖人才为使命，倡导“敬能生德，静能生慧，净能生美，竞能生优”，以“敬、静、净、竞”为根，培育学生的良好品行。因此，南洋小学学生的信条是“我们是南洋小学的学生，誓愿做个尊师重道、明辨是非、思维敏捷、懂得回馈国家的孩子”。

我在考察中还发现，南洋小学作为一所办学历史悠久的名校，在为国家培育品格仁厚、忠心为国、为民服务的公民时力求培育热爱学校、具有优良特质的学生，学校尤其重视学校优良文化的传承，如在校园宣传栏中贴着“我爱我的家庭”等照片，贴着学校《三位校友获得总统奖》《44 年来，首位马来学生获总统奖学金》的报道；“以你为荣”宣传栏上贴着一组在各种比赛中获得优异成绩的学生照片。学校还建有“玉芝图书馆”；优秀校友——新加坡前总统王鼎昌夫人林秀梅的塑像置于美丽的校园中，塑像下镌刻的“林秀梅学长典范长存”，学校“秀梅大礼堂”就是以她的名字命名的……这些校园精神文化建设的目的不仅是为了宣扬优秀校友的事迹，引导学生以他们为楷模不断进取，更是充分体现了南洋小学把学生培养成“勤、慎、朴、端”全面发展的学生的办学使命。

新加坡是一个多民族的国家，为了加强各种族移民对国家的认同感和责任感，除了让学生浸润中华文化传统美德外，各类学校都十分注重尊重多元文化和宗教。如南洋小学的钟校长在周一校会上告知学生，新加坡是一个多元种族的国家，七月是马来人的斋戒月，白天不能吃喝，所以学生要学会尊重不同种族的习俗；跟不同种族的人相处时，彼此之间要理解与尊重。钟校长的话语虽然简单，但充分体现了她所要传达给学生的儒家所强调的道德修养方法，即在与他人接触和交往的过程中设身处地地为他人设想，了解别人的感受和需要，而不是只站在自己的立场上看问题。这就是“人性的德育，德育的人性”的魅力之所在。

3. 注重以生为本，促进个体成长

新加坡基础教育的愿景是“建设重思考的学校，培养好学习的国民”。新加坡教育时刻以学生为中心，从课程设置到教学方法与教学手段的运用，无不体现了教育对学生的人本关怀和“一切为了学生的全面发展”的教育理念。学科文化的构建与校园文化建设相得益彰，倡导提供全面教育理念，为每个孩子提供均等的学习机会，促进学生德、智、体、美、群全面发展。这是新加坡教育的五个基本目标，也是新加坡对现代人才素质要求的集中表现。智育注重的是知识与能力的提升，美育包含了艺术美、个人修养美和社会美等多种内涵，群育提倡学生之间的互助合作、和平共处，重在培养学生的社交能力。为了培养学生的公民意识和社会责任感，学校提供给学生很多的实践机会，组织学生定期到社区参加服务。如南洋小学组织学生进行探险露营，培养学生独立自主、解决问题、团结协作的能力等。

在南洋小学的走廊处都开辟有一个角落，设有“数学乐园”“英语乐园”等，富有学科文化特色的学科园地，浓浓的学科文化氛围，为学生提供了培养兴趣的场所。而在励众小学，则设有专门学英语和汉语的教室，布置得很有童趣，英文字母、单词和拼音等贴满墙壁，每间教室都有学生在学习，任教的老师十分有耐心。原来，这是学校特别辟出的教室，对英语和汉语方面学习能力比较差的学生进行补习，使得这些学生可以跟上其他学生的步伐，帮助学生树立学习的自信心。在南洋小学和励众小学，不管是学科文化氛围的创设还是因材施教的举措，都让我真切地感受到新加坡倡导的教育理念——注重学生的差异性，创造一切条件，帮助不同学习能力的学生达成目标，以教促进学生的学，决不让任何一个孩子掉队，使他们快乐地成长。譬如，作为特选学校，南洋小学在课程安排方面拥有更多的自主权。学校在课程设置中十分尊重学生的个性与特长，注重让每个学生都能不断超越自己，扎稳根基，健康成长。为此，学校开设了渐进、持久拓展的课程，让学生学以致用，发展兴趣，并聘请校外雄厚的师资力量，为学生的全面发展打下坚实的基础。以美术学科为例，学校根据学段特点设置不同的课程：一年级学生、二年级学生学舞蹈，一年级学生至三年级学生学陶瓷、书法，四年级学生、五年级学生学插花，五年级学生学铁丝艺术，六年级学生学数码、美术等。为了从小培养学生的品行，南洋小学按年级特点循序渐进地进行品行培养：一年级学生开展社会调查；二年级学生到图书馆服务；三年级学生建设生态花园；四年级学生布置厕所；五年级学生动手制作手工作品，到养老机构去服务；六年级学生制作教具。这些课程包含了丰富多彩的教育活动，切实促进了学生的全面成长。

新加坡学科文化还具有很浓郁的文化特质，尤其重视教育对文化自觉的培养。为了培育合作探究的学习文化，新加坡教育部在2004年提出了“少教多学”的理念，2010年又提出了“乐学善用”的理念，首先，鼓励教师拥有观察学生的视角，观察学生如何学习，注重教学观察，通过课例研究、行动研究等方法去研究学生。课例研究积极倡导教师确立三大理念，即确保所有学生的学习、建立协同合作的文化、聚焦学习成果，并对此提出四个关键问题：期望学生学会什么？如何知道学生已经学会了？假如学生还没有学会，该如何处理？假如学生已学会了，该如何处理？要求教师把思考当作日常生活的一部分，提高自身的思考能力。其次，要求教师在学科教学中注重学生的主体性地位，充分意识到学生获取知识的过程是自己通过认知活动来进行的，在课堂教学中以学生为中心，引导学生探索自我意识的构建方式，以一种新的方式观察世界，把知识转化为技能。

近几年，新加坡政府积极推行“资讯科技教育”，促使学生掌握电脑知识。励众小学建设的“乐学善用”平台，就是积极运用体验式教学方式，培养学生的独立、自主、创新等精神，倡导学生协作学习、自主学习，通过互评功能，激发学生的学习动机，或是通过课堂小任务，提高学生的表达能力与沟通能力，力求在师生互动的教学过程中，在合作、探究与对话中，提高学生的认知水平，使学生在听、说、读、写各方面获得长足的进步，以期实现学校提出的“乐学乐用创佳绩，励己励众共提升”的教育愿景。

在新加坡小学教育中，科学课也是其中一门主要学科。教学中，教师始终把学生作为学习或行动的主体，有意识地提供给学生更具弹性的学习空间，有意识地把生活常识、自然常识有机地整合在一起，充分利用图书馆、科学馆等独具特色的教育资源，让学生在课外实践中获取真实的体验，通过完成一份问卷调查表或是完成一篇课题报告，指导学生采取一定的研究方法去收集信息，使探究活动、研究过程变成一种重要的认知经验，激发学生的科学兴趣，培养学生的科学素养。

由此可见，新加坡学科文化的构建遵循以人为本的思想，注重促进学生生命个体的成长，它也引发了我们更多的思考，值得我们学习。

教师的幸福

从教 20 多年来，我一直在思考这样一个问题：教师的幸福是什么？

什么是幸福？幸福是空气，它普遍得你随处都可以感受到它的存在；幸福是小鸟，它调皮得你怎么也抓不住它；幸福又是一杯水，平平淡淡才是真。那么，教师的幸福是什么？

记得有句歌词这样唱道："我的生命因为你而精彩。"人们也常说："因为花开，所以幸福；因为幸福，所以生命有价值。"有人说："教育的目的就是激发生命。"也就是说，只有教师用教育的情怀激发学生的生命活力，教育才能体现出其真正的意义。教师为了寻找教育的幸福所在，在教育中要始终充满激情，因为只有当教师拥有了激情，才能感动自己、感召学生；只有当教师以饱满的教育情怀，以一颗年轻和充满活力的心走进学生的心灵，才会赢得学生的信任与尊重，不断提高自己的影响力，与学生共同成长，使他们终身受益。

我认为，幸福是一种感觉，是一种心态。教育就是为了培养幸福的学生，是为人一生的幸福奠定基础。只有幸福的教师才能培养出更加幸福的学生。幸福教育就是让学生能幸福成长的教育。

因此，我想对学生说：

孩子，我想告诉你们，我总是因你们的伤心而焦虑，因你们的快乐而快乐，因你们的成长而欣慰……因为有了你们，我的心灵如绿洲般有活力，生活如彩虹般绚丽。

孩子，我常常为自己能用浅薄的学问给你们送去知识的欢乐而不断地体味着为人师者的幸福滋味。每天与你们一起学习，一起游戏，使我也保有一颗童心。我用会心的微笑，让你们和我的心情都阳光灿烂起来；我用一颗宽容的心，对你们的错误给予理解，使自己的心情处于一种愉悦的状态。当我们一起创造着充满生命活力的课堂的时候，不知不觉中，爱，就在你我之间轻轻流淌。

孩子，我总是对自己说，工作虽累，却快乐无穷；工作虽忙，却富有挑战性。但是，你们知道吗？在教育中，许多与我一样在教育工作中默默奉献的老师们也有着许多的苦恼，比如，由于社会对教师的过高要求、家长对教师的过高期望和教师自身成长的需要，许多教师觉得压力过大，身体长期处于亚健康状态。

孩子，我知道，你们肯定希望老师们也能学会善待自己，笑对未来。就像有人说的："奔跑着，还要快乐着。"是呀！教师也需要释放压力，需要进行自我解压，只有这样，才能拥有一种闲适的心态，才能更好地享受为人师者的快乐和幸福。俗话说："心态决定成败。"唯有良好的心态才能应对一切。为了释放压力，我常常告诉自己，压力是一切工作的动力和源泉，要变压力为动力，就要做到既要有一颗进取心，也要有一颗平常心。于是，我不断地激励自己，经常对自己进行鼓励性的自我暗示，并始终保持一颗平常心，坦然面对工作中一切的困难和挑战。

孩子，我就是这样怀着奉献教育事业的梦想，享受着作为一名教师的无限乐趣，与你们在教育之路上快乐前行。

江苏凤凰教育出版社
《行知工程》系列丛书目录

系列	序号	书名	主编	定价
教育求索系列	1	《爱的守望——一位一线教师对教育的坚守》	林卫红	30.00
	2	《思政教学的人文力量》	戴晓华	30.00
	3	《师道新说——给教育者的30条箴言》	徐　卫	30.00
	4	《欣说教育那“一亩三分地” ——一位一线教师的教育微思考》	王庆欣	30.00
校本研修系列	5	《徜徉语文教研》	肖俊宇	35.00
	6	《校本研修资源的开发与利用》	陈朝林	30.00
	7	《校本研修与教师专业成长》	吴积军	30.00
	8	《卓越教师经典研修成长策略》	刘天宝等	30.00
	9	《特色校本课程开发范例解读》	刘永平　李秀伟 张雪梅	30.00
	10	《高效校本研修模型构建艺术》	刘素雁	30.00
	11	《走向实践的教研——中小学教育科研引领与应用》	江　敏	30.00
名校系列	12	《让每个孩子都成志 ——清华附小主题阅读课程的实施探索》	窦桂梅	30.00
	13	《让每个孩子都成志 ——清华附小主题实践课程的实施探索》	窦桂梅	35.00
	14	《向着朝阳走去——清华附小合作办学实践探索》	窦桂梅	30.00
精彩课堂系列	15	《给孩子更好的数学课堂》	易增加	30.00
	16	《小学生阅读素养的提升策略》	邵巧治	35.00
	17	《从语文素养走向生命成长——小学语文读写课堂教学密码》	曾海玲	30.00
	18	《真实的品德课》	朱淑秀	30.00
	19	《英语课堂学习共同体——新型的师生交互学习场》	杨延从	30.00
	20	《指导自主学习——初中数学学与教的研究与实践》	刘其武	30.00
	21	《玩出精彩的课堂——小学低年级教与学方式转变研究》	陶红松	30.00
	22	《让生命之花自主绽放——语文个性化教学建构策略》	商德远	30.00
	23	《让学生亲历知识——主体参与下体验式学习的实施策略》	何世祥	30.00
教育思想者系列	24	《高效教学的道与术——陶继新教育讲演录》	陶继新	30.00
	25	《名校之道——陶继新对话名校长（1）》	陶继新	30.00
	26	《教育，一切从孩子出发》	黄　俭	30.00
创新教学探索系列	27	《品世界名画，学精彩作文 ——特级教师的“名画”作文教学法》	李日芳	30.00
	28	《〈红楼梦〉里的语文课》	李日芳	30.00

系列	序号	书名	主编	定价
创新教学探索系列	29	《让学生把母语用精彩——“语用课堂”的探索与实践》	佘小红	30.00
	30	《“备”出课堂精彩——备学式教学的课堂实践与思考》	张旭兰	30.00
	31	《神奇的阅读教室——带学生踏上美妙的阅读之旅》	李祖文	30.00
	32	《打造有生命力的课堂 ——“两步八环节”教学模式探索与实践》	查联智	30.00
	33	《最能培养学生探究能力的课堂 ——小学科学与信息技术单元整体课程实施与评价》	李怀源	30.00
	34	《最能激发学生运动天赋的课堂 ——小学体育单元整体课程实施与评价》	李怀源	30.00
	35	《最能提升学生艺术素养的课堂 ——小学艺术单元整体课程实施与评价》	李怀源	30.00
	36	《“生命语文”探索——焕发语文生命力的思考与实践》	王自成	30.00
	37	《粘连作文教学：让习作成为有个性的自我建构》	黄瑞夷	30.00
	38	《备学式教学——在体验中建构数学思维》	单广红　范雪梅	30.00
	39	《向着自主进发——自主教育的创新实施智慧》	朱亚红	30.00
	40	《写中学——让学习更有效的学科写作教学》	钟传祎	30.00
	41	《小学科学实验总动员 ——大科学课堂有效提升学生创新力》	江美华	30.00
	42	《小学语文单元整体课程实施与评价》	李怀源	30.00
	43	《小学英语单元整体课程实施与评价》	李怀源	30.00
	44	《小学数学单元整体课程实施与评价》	李怀源	30.00
	45	《让教学更能激发智慧 ——“思维碰撞”课堂的建构与实施》	程和方	30.00
教育管理力系列	46	《缔造唯美教育——延奎小学素质教育实施策略》	易增加	30.00
	47	《让普通学校崛起的20个细节 ——“生命为本”教育团队成长密码》	李其玉	30.00
	48	《“走”出教育的精彩：走动式学校管理文化构建》	罗　军	30.00
	49	《校长兵法：学校管理四十六计》	皮大鹏	30.00
教师修炼系列	50	《教育，爱与宽容——教师心灵礼仪修炼》	许力争	30.00
班级文化系列	51	《活力班级的文化建设》	胡　珏	30.00
	52	《做幸福的班主任》	吕　丽	26.00
教育家核心思想系列	53	《叶圣陶谈阅读》	叶圣陶 著 李怀源 选编	30.00
	54	《多元智能理论的本土化应用》	刘治富	30.00
	55	《大教育家最具施教力的教学思想》	白刚勋	30.00

系列	序号	书　名	主编	定价
高效能教学系列	56	《高效能教师的10个好习惯（中学卷）》	张　瑾	30.00
	57	《让作文落地生根——提高写作实效的教学策略》	黄桂林	30.00
	58	《高效能作文教学5项修炼》	陈步华	30.00
	59	《高效能校长的10个好习惯》	张　勤	30.00
	60	《高效能教师的10个好习惯（小学卷）》	谢　英	30.00
	61	《高效能语文教学5项修炼》	王其华	30.00
新课程探索系列	62	《语文新课程的批判与重建》	葛桂斌	30.00
美国名师教学译丛	63	《美国名师游戏教学本土化应用：幼儿园》	（美）玛西娅 L. 泰特 著 胡珍　瞿菁　编译	30.00
	64	《美国名师游戏教学本土化应用：小学英语》	（美）玛西娅 L. 泰特 著 杨永华　张心影　编译	30.00
	65	《美国名师游戏教学本土化应用：小学数学》	（美）玛西娅 L. 泰特 著 谢艳红　编译	30.00
	66	《美国名师游戏教学本土化应用：小学科学》	（美）玛西娅 L. 泰特 著 刘丽萍　编译	30.00
	67	《美国名师游戏教学本土化应用：小学社会》	（美）玛西娅 L. 泰特 著 姜梅芳　编译	30.00
	68	《美国名师游戏教学本土化应用：小学音体美》	（美）玛西娅 L. 泰特 著 尹立志　编译	30.00
鲁派名师名校·教育探索者系列	69	《悦读立人——校园阅读文化体系构建策略》	杨世臣	30.00
	70	《教育智慧何处来——一位特级教师的思考手记》	付立金	30.00
	71	《和雅文化——校本课程的创新构建》	汤善香	30.00
	72	《让个性绽放精彩——学校课程体系整合与创生》	谢建伟　徐淑萍	30.00
	73	《让每个学生都幸福 ——最能润泽生命的学校文化建设》	谢建伟　张新喜	30.00
生态化校园系列	74	《点燃学习的激情——构建校园生态化学习型组织》	杨树岳	30.00
	75	《课改突围——构建学校生态化教学体系》	杨树岳	30.00
教育新思考系列	76	《语文教育向何处去》	王　丛	26.00
	77	《教育，就是做好普通的事》	孙志毅	27.00
	78	《走出语文的偏见——让学生体悟文本的原义》	丛智芳	30.00
	79	《让语文教学更高效——批注式阅读教学探索》	韩中凌	30.00
	80	《读写互促——探寻学以致用的语文教学》	曹　龙	30.00
	81	《跳出数学教数学——用文化融通数学教学》	马建秀	27.00

系列	序号	书　　名	主编	定价
名师感悟系列	82	《让心灵伴着歌声成长——22位音乐名师的教育智慧》	陈　璞	30.00
	83	《超越自我的教师——32位名师的成长感悟》	李卫东　李秀伟	35.00
	84	《心灵的守护者——19位名班主任的教育智慧》	王晓松　曲文弘	30.00
	85	《名师感悟班主任有效工作艺术90例》	符礼科	30.00
	86	《名师感悟有效教学90例》	林高明　徐玉烟	30.00
信息化教学系列	87	《巧用白板教语文——信息技术与语文教学操作指南》	蒋丽清	30.00
	88	《跨越式实现高效课堂——信息技术与课程整合高效教学方案评析》	陈　玲　刘　禹	30.00
教师必读系列	89	《教师必学的16堂修养课》	武宏伟	30.00
	90	《教师不可不知的教学心理效应》	叶勇军	30.00
	91	《班主任不可不知的管理效应》	奚一琴	30.00
	92	《教师不可不知的教育心理效应》	孙　媛	30.00
	93	《校长不可不知的管理效应》	谢申刚　张金豹	30.00
	94	《成为好教师的7项修炼》	王福强　李维华	30.00
	95	《如何让学生会学习》	龙　冰	30.00
	96	《如何让学生爱学习》	周震宇　许小燕	30.00
核心教学主张系列	97	《新生代语文名师核心教学主张》	许友兰	30.00
学生心理解码系列	98	《孩子问题行为一点通——只有好老师才知道的学生心理谜底》	严育洪	30.00
行思讲坛系列	99	《灵动而朴素地教语文——潘文彬的微格教育生活》	潘文彬	30.00
	100	《师爱无疆——润泽学生心灵的教育故事》	侯忠彦	30.00
	101	《怎样反思更有效——促进教师专业发展的反思策略》	诸贝贝	30.00
	102	《成为高度自觉的教育者——写给后课标时代的数学教师》	许卫兵	30.00
	103	《哲思数学课》	刘全祥	30.00
	104	《智慧数学课——黄爱华教学思维的实践策略》	黄爱华	30.00
	105	《童趣数学课》	徐　芳	30.00
	106	《把学生教聪明》	严育洪	30.00
	107	《教师最应该规避的教育误区》	杨坤道	30.00
	108	《用语文的方式教语文——潘文彬教学主张与实践智慧》	潘文彬	30.00
	109	《怎样让阅读教学更有效——提升教学能力的十种读诵模式》	汪秀梅	28.00
	110	《让生命在润泽中起舞——当代小学生最需要的主题班会》	吴联星　罗　琳　冯卫东	30.00
	111	《让生命欢快拔节——当代中学生最需要的主题班会》	冯卫东　吴联星	30.00

系列	序号	书　　名	主编	定价
行思讲坛系列	112	《课堂因生成而精彩——高效教学的生成智慧》	张文质	30.00
	113	《回到每一个人的生命化教育——张文质二甲中学教育行动录》	张文质	30.00
中国教育变革之路丛书	114	《百年树人师何为——教师队伍建设困顿与出路》	将丽珠　李玉向	30.00
	115	《入园何时不再难——学前教育困惑与抉择》	曾晓东 范　昕　周　慧	30.00
	116	《三尺书桌何处寻——流动人口子女教育困难与破解》	范先佐	30.00
	117	《苦旅何以得纾解——高考改革困境与突破》	郑若玲	30.00
	118	《择校纠结何时了——择校问题困局与治理》	曾晓东　周文海 曾娅琴	30.00
创新教学思想系列	119	《"大问题"教学的形与神》	黄爱华　张文质	30.00
校长领导力系列	120	《高品质学校生长要素》	王益民	30.00
	121	《校长高校教学领导力提升策略》	徐世贵　郭文胬	30.00
教育漫笔系列	122	《课堂，诗意地栖居》	吴书华	30.00
新思维系列	123	《教育中的"不一定"——打破教育的 19 种思维惯式》	严育洪	30.00
教学提升系列	124	《有思想地教阅读——让学生学会品读文字真意》	王学东	30.00
教育艺术提升系列	125	《藏在师生体态语言里的教学智慧》	张　宇　廖生波	30.00
教学全手册系列	126	《小学习作教学全手册》	郭家海	30.00
	127	《中学写作教学全手册》	郭家海	30.00
	128	《情境教学操作全手册》	冯卫东	35.00
	129	《合作教学操作全手册》	李春华	35.00
	130	《探究教学操作全手册》	周新桂	35.00
	131	《自主教学操作全手册》	诸葛彪	35.00
	132	《创新教学操作全手册》	王　玮	35.00
	133	《班主任工作全手册》	刘沛华	35.00
	134	《新教师工作全手册》	周震宇	35.00
	135	《学生心理健康教育全手册》	刘海莉　刘春杰	35.00
	136	《高效教学操作全手册》	马友平	35.00

系列	序号	书名	主编	定价
创新人才培养系列	137	《创新人才培养校园科普精品课程开发与指导——人大附中创新人才培养》	罗　滨	30.00
	138	《创新人才培养特色校本课程开发与创新人才培养——清华附中“国际安全下的科学技术”课程构建与实施》	王殿军　方　研　赵宏雁	30.00
	139	《创新人才培养：学校实验室建设与管理》	刘克文　杨发丽　杨　平	30.00
	140	《创新人才培养：数学探究活动开发与指导》	马云朋　韩继伟	30.00
	141	《创新人才培养：化学研究活动开发与指导》	王　磊	30.00
	142	《创新人才培养：物理探究活动开发与指导》	廖伯琴	30.00
	143	《创新人才培养：地理探究活动开发与指导》	张建珍　陈　澄	30.00
	144	《创新人才培养：生物探究活动开发与指导》	张迎春	30.00
	145	《创新人才培养：理念探索与思维突破》	王晶莹	30.00
新生代通派名师系列	146	《简约数学教学》	许卫兵	30.00
	147	《语文教学的本真——情意课堂展现母语之美》	吴建英	30.00
	148	《语文课堂的理想追求——欢快达成三维目标》	董一红	30.00
	149	《阅读教学的真髓——意象构建读出文学的真美》	祝　禧	30.00
	150	《美术教育的真谛——审美人生教育让生命绚丽成长》	陈铁梅	30.00
	151	《语文教学的理想境界——无痕教学润泽生命》	李　凤	30.00
	152	《儿童作文的本义——嬉乐作文让儿童乐并成长着》	王笑梅	30.00
	153	《名师是怎样炼成的》	王建明　王笑君	35.00
幼师成长系列	154	《幼儿行为背后——教师如何读懂幼儿的心思》	吴亚英	30.00
	155	《最具教育力的22种幼儿教育思想》	杨　达	30.00
	156	《幼儿教师必知的安全应急措施》	杨　达	30.00
	157	《幼儿教师必备的教育技能》	李　玲	30.00
	158	《卓越园长21条幼儿园管理策略》	周　丹　江东秋	30.00